A caro amigo

com votos de paz.

/ /

DIVALDO FRANCO
RESPONDE

ORGANIZADO POR
CLAUDIA SAEGUSA

Divaldo Franco responde

Editores: *Luiz Saegusa* e *Claudia Z. Saegusa*
Capa: *Thamara Fraga*
Foto da capa: *Jorge Moehlecke*
Projeto gráfico e diagramação: *Gerson Reis e Pedro Japiassu Reis*
Estúdio Japiassu Reis
Revisão: *Cristina Lourenço*
8ª Edição: *2017*
Impressão: *Lis Gráfica e Editora*

intelítera
editora

Rua Lucrécia Maciel, 39 – Vila Guarani
CEP 04314-130 – São Paulo – SP
11 2369-5377
www.intelitera.com.br - facebook.com/intelitera

Parte da renda desta obra é revertida à Mansão do Caminho,
obra social do Centro Espírita Caminho da Redenção, em Salvador, BA.

Dados Internacionais de Catalogação na Publicação (CIP)
(Câmara Brasileira do Livro, SP, Brasil)

Divaldo Franco : responde / organizado por
Claudia Saegusa. -- São Paulo : Intelítera
Editora, 2010.

Bibliografia

1. Espiritismo 2. Franco, Divaldo Pereira -
Médiuns - Entrevistas I. Saegusa, Claudia.

10-12426 CDD-133.91092

Índices para catálogo sistemático:

1. 1. Médiuns espíritas : Entrevistas 133.91092

ISBN 978-85-63808-05-9

DIVALDO FRANCO
RESPONDE

ORGANIZADO POR
CLAUDIA SAEGUSA

intelítera
editora

Sumário

Apresentação

DIVALDO FRANCO É UM ORADOR extraordinário. Parece ter estrelas no céu da boca. Com sua palavra rica de beleza e de luz, encanta e esclarece multidões, em todo o mundo, acerca da Era Nova que se aproxima na Terra.

O presente trabalho traz toda a riqueza espiritual de Divaldo Franco nas diversas entrevistas que concedeu pela televisão.

Tive a dádiva de entrevistá-lo nos programas Conversando com Divaldo Franco, na TV Mundo Maior, e Transição, na Rede TV, e posso assegurar que fui especialmente tocada por sua imensa sabedoria e paz.

Sem ter conhecimento prévio das questões que lhe seriam submetidas, muitas das quais envolvendo temas de extrema complexidade, Divaldo responde prontamente sobre questões diversas de forma clara, lógica e didática.

Transcrevi alguns programas Conversando com Divaldo Franco e Transição, além disso, acrescentei perguntas que tratam dos mesmos temas e que foram analisadas em seminários por ele ministrados.

Inseri notas de rodapé, para esclarecimento de leitores que, como eu, não conhecem todos os cientistas, pensadores, filósofos e outras personalidades citadas por Divaldo em suas respostas.

Descubra por que Divaldo Franco é considerado o "semeador de estrelas" e encante-se com seus ensinamentos nas páginas seguintes.

Claudia Saegusa

DIVALDO FRANCO
RESPONDE

SONHOS

SONHO PARA O ESPIRITISMO

1. Freud[1] afirma que os sonhos são expressões do nosso inconsciente. Já outros afirmam que os sonhos nada representam. Como o Espiritismo conceitua o sonho?

Divaldo Franco: Nós damos razão a ambas as correntes, porque os nossos arquivos no inconsciente mantêm as nossas experiências exitosas, as fracassadas e as não realizadas.

[1] **Sigismund Schlomo Freud** (1856–1939), médico neurologista austríaco e judeu, fundador da psicanálise. Freud iniciou seus estudos pela utilização da hipnose como método de tratamento para pacientes com histeria. Ao observar a melhoria de pacientes de Charcot, elaborou a hipótese de que a causa da doença era psicológica, não orgânica. Essa hipótese serviu de base para seus outros conceitos, como o do inconsciente. Freud também é conhecido por suas teorias dos mecanismos de defesa, repressão psicológica e por criar a utilização clínica da psicanálise como tratamento da psicopatologia, através do diálogo entre o paciente e o psicanalista. Freud acreditava que o desejo sexual era a energia motivacional primária da vida humana. Ele abandonou o uso da hipnose em pacientes com histeria, em favor da interpretação de sonhos e da livre associação, como fontes dos desejos do inconsciente. Disponível em: <http://pt.wikipedia.org/wiki/Sigmund_Freud>. Acesso em: 1 jun. 2010.

Sempre que anelamos por determinada coisa e não a logramos, geramos uma frustração e a arquivamos automaticamente no inconsciente, podendo retornar oportunamente como fenômeno anímico, na mediunidade, em que fazemos a catarse, ou como fenômeno onírico, através do sonho, quando libertamos essa fixação. De certo modo, a grande maioria dos sonhos é constituída pelas impressões que arquivamos e eliminamos no período do sono físico, sem maiores significados.

SONHOS E EXPERIÊNCIAS ESPIRITUAIS

2. ***Alguns sonhos podem ser experiências espirituais?***

D. F.: À luz do Espiritismo, uma grande variedade de sonhos tem outras psicogêneses e podem, por exemplo, ser arquivos do inconsciente profundo, originados em outras reencarnações. Aquelas lembranças ressumam através do perispírito e voltam ao nosso cérebro como sendo imagens atuais, embora sejam de existências passadas.

Também podem ser resultados de fenômenos mediúnicos, graças ao desdobramento parcial do

Espírito, conforme assevera Allan Kardec,[2] esclarecendo que nesses momentos dão-se encontros espirituais, graças às viagens chamadas astrais – Allan Kardec não usa essa expressão –, não somente com desencarnados, mas com outros ainda reencarnados. Quando retornamos ao corpo somático, é fixado o sonho em nosso cérebro, mantendo as impressões de acordo com a nossa capacidade de lucidez.

Também experienciamos o sonho denominado freudiano, aquele que é defluente da libido, em que as nossas fixações sexuais – o ser humano, mesmo com toda a correção moral, é um animal sexual com o uso da razão – tomam corpo em forma de pesadelos, de acontecimentos não realizados, em conúbios, muitas vezes, tormentosos, resultado das fixações inconscientes, retornando de maneira perturbadora.

[2] **Hippolyte Léon Denizard Rivail** (Lyon, 1804 – Paris, 1869) teve formação acadêmica em matemática e pedagogia, interessando-se mais tarde pela física, principalmente o magnetismo. Como escritor, dedicou-se à tradução e à elaboração de obras de cunho educacional. Sob o pseudônimo de Allan Kardec, notabilizou-se como o codificador do Espiritismo, também denominado de Doutrina Espírita. Disponível em: <http://pt.wikipedia.org/wiki/Allan_Kardec>. Acesso em: 1 jun. 2010.

SONHOS COM PESSOAS QUE JÁ MORRERAM

3. Algumas pessoas sonham com entes queridos que já morreram e se perturbam muito com isso. O que dizer a essas pessoas?

D. F.: Muitas vezes, após o choque traumático da morte de um ser querido, o inconsciente arquiva imagens muito perturbadoras e, naqueles estados posteriores à morte, essas imagens vêm através do sonho atormentar-nos, dando a impressão de que as pessoas estão sofrendo muito ou que nos estão perseguindo, apresentando-se de uma forma deturpada, porque são imagens entorpecidas no inconsciente que se apresentam de maneira conflitiva. No entanto, a experiência tem demonstrado que, na maioria das vezes, são encontros verdadeiros com os seres queridos, o que é muito confortador, porque enseja a oportunidade de ter-se a certeza de que a vida continua.

Eu tenho uma experiência muito curiosa a esse respeito. Faz muitos anos desencarnou um amigo muito querido que frequentava a nossa Casa Espírita, e a família, quase de imediato, começou a desejar notícias, indagando-me como estaria o ser querido.

Eu respondia, invariavelmente: "No momento eu não tenho ideia..."

Esperamos passar o período de transição. Oito ou dez dias depois, o Espírito Joanna de Ângelis[3] disse-me: "Nesta noite iremos levá-lo para que acompanhe o despertar do nosso querido irmão, no entanto, vou pedir-lhe para que mantenha muito silêncio".

Eu confesso que fiquei um tanto desconcertado, pensando que eu fosse tão barulhento que mesmo em estado de desdobramento parcial pelo sono iria causar perturbação! Mais tarde eu entendi o que a benfeitora espiritual desejara dizer.

Às 23 horas, eu me deitei e recebi passes longitudinais. Não poderia explicar como aconteceu o fenômeno, porém vi-me fora do corpo, parcialmente ao seu lado e, de imediato, sem que eu tenha uma noção lúcida de como fui transportado, vi-me numa região favorecida por uma luminosidade peculiar que não provinha de astro algum. A distância, eu vi uma construção pentagonal de uma matéria transparente que, do lado de fora, me permitia observar o que se passava lá dentro. Era uma clínica de repouso de recém-desencarnados.

[3] Joanna de Ângelis é a guia espiritual do médium espírita brasileiro Divaldo Franco, entidade à qual é atribuída a autoria da maior parte das suas obras psicografadas. A obra mediúnica de Joanna de Ângelis é composta por dezenas de livros, muitos deles traduzidos para diversos idiomas, versando sobre temas existenciais, filosóficos, religiosos, psicológicos e transcendentais. Dentre as suas obras, destacam-se as da Série Psicológica, composta por mais de uma dezena de livros, nos quais a entidade estabelece uma ponte entre a Doutrina Espírita e as modernas correntes da Psicologia, em especial a transpessoal e junguiana. Disponível em: <http://pt.wikipedia.org/wiki/Joanna_de_%C3%82ngelis>. Acesso em: 1 jul. 2010.

A benfeitora conduziu-me, adentramos e, depois de atravessar vários corredores, subitamente eu vi o meu amigo amparado pela sua genitora. Ela encontrava-se sentada no leito e ele no seu regaço[4]. Então senti uma emoção muito grande, e, nesse momento, ele pareceu tremer. Vigilante, a benfeitora observou-me: "Silêncio emocional e mental".

Tratava-se de não emitir ondas perturbadoras, o que é compreensível. Adentramos no que chamaríamos de Clínica de Reabilitação Espiritual, exatamente no momento em que ele despertou, como alguém que acorda de um letargo comum ou de um pós--cirúrgico. Um tanto aturdido, ele foi identificando o ambiente em que se encontrava, subitamente viu o rosto da mãe e exclamou: "Mamãe, você aqui! Eu estou sonhando com você?" Ela respondeu: "Não, meu filho, você já retornou para casa". "Então, eu morri?" perguntou. "Não, meu filho, você se transferiu do corpo para a vida espiritual, pois que ninguém morre, conforme você recordará, pois que você é espírita." Ele chorou comovidamente. Fez perguntas a respeito da família, que ela esclareceu com infinito carinho. Então, ele passeou os olhos em volta do quarto e viu-me com o espírito Joanna de Ângelis. Surpreso, perguntou-me: "Divaldo, você também já morreu?" "Ainda não", respondi-lhe.

[4] Superfície ou concavidade formada pela roupa entre a cintura e os joelhos de pessoa sentada.

Era tão real e vibrante! Então, eu lhe expliquei: "Vim trazido pela benfeitora para levar notícias suas aos familiares".

Conversamos um pouco e, no dia seguinte, ao despertar, eu estava perfeitamente lúcido, recordando-me do acontecimento.

Telefonei à família e dei-lhes as boas notícias.

Essa é uma ocorrência que se dá amiúde com todas as pessoas em maior ou menor grau, de acordo com a sensibilidade e as leis do mérito, que nos escapam.

SIGNIFICADO DOS SONHOS

4. Algumas correntes psicanalistas afirmam que os nossos conflitos se refletem nos sonhos e que alguns sinais revelam esse conflito. Somente para exemplificar: sonhos com cobras ou serpentes revelam que a criatura é possuidora de impulsos sexuais reprimidos. Seria isso verdadeiro?

D. F.: Tudo é relativo. Essa corrente que vê na simbologia os estados dos conflitos de alguma forma também se apoia nas grandes experiências dos doutores Lacan,[5] o célebre francês, e Carl Gustav Jung.[6]

Jung, por exemplo, para poder penetrar em nosso inconsciente, usava das associações, isto é, a pessoa dizia uma palavra e ele apresentava a imagem associada, ou decodificava as informações oníricas e os símbolos que estavam no sonho, que levava os ignorantes a concluir por muitas superstições.

---

[5] **Jacques-Marie Émile Lacan** (1901–1981), psicanalista francês. Formado em Medicina, passou da neurologia à psiquiatria, tendo sido aluno de Gatian de Clérambault. Teve contato com a psicanálise através do surrealismo e, a partir de 1951, afirmando que os pós-freudianos haviam se desviado, propõe um retorno a Freud. Para isso, utiliza-se da linguística de Saussure (e posteriormente de Jakobson e Benveniste) e da antropologia estrutural de Lévi-Strauss, tornando-se importante figura do Estruturalismo. Posteriormente encaminha-se para a Lógica e para a Topologia. Seu ensino é primordialmente oral, dando-se através de seminários e conferências. Disponível em: <http://pt.wikipedia.org/wiki/Lacan>. Acesso em: 1 jun. 2010.

[6] **Carl Gustav Jung** (1875–1961), psiquiatra suíço e fundador da psicologia analítica, também conhecida como psicologia junguiana. O conceito de inconsciente já está bem sedimentado na sólida base psiquiátrica de Jung antes de seu contato pessoal com Freud, mas foi com Freud, real formulador do conceito em termos clínicos, que Jung pôde se basear para aprofundar seus próprios estudos. O contato entre os dois homens foi extremamente rico para ambos, durante o período de parceria entre eles. Aliás, foi Jung quem cunhou o termo e a noção básica de "complexo", que foi adotado por Freud. Utilizando-se do conceito de "complexos" e do estudo dos sonhos e de desenhos, Jung passou a se dedicar profundamente aos meios pelos quais se expressa o inconsciente. Em sua teoria, enquanto o inconsciente pessoal consiste fundamentalmente de material reprimido e de complexos, o inconsciente coletivo é composto fundamentalmente de uma tendência para sensibilizar-se com certas imagens, ou melhor, símbolos que constelam sentimentos profundos de apelo universal, os arquétipos: da mesma forma que animais e homens parecem possuir atitudes inatas, chamadas de instintos ("fato" este negado por correntes de ciências humanas, como, por exemplo, em antropologia, o culturalismo de Franz Boas), também é provável que em nosso psiquismo exista um material psíquico com alguma analogia com os instintos. Disponível em: <http://pt.wikipedia.org/wiki/Carl_Yung>. Acesso em: 1 jun. 2010.

O Livro dos Sonhos, que se apresenta como capaz de interpretá-los, elucida o que significa sonhar com noivado, casamento ou dente cariado, e assim por diante.

Cientificamente é muito complexa a interpretação dos sonhos, porque estão aí o inconsciente, o subconsciente, o ser espiritual, em uma mescla de informações variadas.

Eu confesso que pessoalmente sou muito mais simpático às teses da psicologia profunda de Carl Gustav Jung, porque elas me permitem completá-las com os desdobramentos espirituais. Esses desdobramentos espirituais que Jung começou a estudar, mas não definiu, confirmam que é o ser espiritual que está acima direcionando (*Self*), como em uma pirâmide, deixando que os conflitos se exteriorizem e as aspirações do superconsciente se delineiem.

SONHOS COM CONDUTAS CENSURÁVEIS

5. Nós podemos transferir isso para pessoas que já têm uma conduta correta enquanto estão acordadas, mas, quando sonham, se veem em situações reprocháveis. Também se aplica o que você explicou?

D. F.: Trata-se, esses sonhos deploráveis, de reminiscências de outras existências. No passado, por exemplo, se eu tive determinado comportamento, o mesmo impressionou-me tanto que se me fixou no perispírito como culpa, arrependimento, asco por si mesmo, de tal maneira que, embora não se reflita hoje aquela sensação no estado de lucidez, ao adormecer, o inconsciente libera-o. Trata-se da catarse que faríamos numa sessão psicanalítica. No entanto, esta última recua à concepção, enquanto a primeira atinge as existências pregressas.

LEMBRANÇAS DOS SONHOS

6. Há sonhos dos quais lembramos somente fragmentos, de outros recordamos com incrível nitidez seus detalhes, outros, ainda, que são muito estranhos e até mesmo dissociados da realidade. Qual a razão dessas diferenças?

D. F.: Quando nos recordamos dos sonhos é porque os bons Espíritos desejam que nos sirvam de diretriz, de advertência ou de roteiro; quando temos apenas fragmentos, é para que nos esforcemos na vigilância. E, quando são verdadeiros delírios, não têm nenhum significado.

SONHOS SEM LEMBRANÇA

7. E quando nós não nos lembramos de nada?

D. F.: É algo muito bom. Pessoas me dizem que nunca sonharam. Em realidade, todos sonhamos, mas há certos bloqueios que o Espírito experimenta ao retornar ao corpo trazendo as imagens, porque o sonho dá-se quando ele está deslocado ou, então, quando o inconsciente desborda os conflitos. No entanto, em se tratando de um sonho espiritual, ele fica impresso no cérebro, mesmo que a pessoa não tenha lembranças.

Seres amados que desencarnaram, familiares que anelam por um contato sempre se comunicam conosco através dos sonhos. O esquecimento decorre de razões profundas no campo emocional, de conflitos e tormentos interiores. Os conflitos, às vezes, são tão grandes que bloqueiam as recordações no inconsciente do indivíduo.

PESADELOS

8. No livro Nos Bastidores da Obsessão, *o Espírito Manoel Philomeno de Miranda ainda estava reencarnado e ele ia, em desdobramento, fazer os trabalhos no mundo espiritual. Ele foi a uma região de muita treva e de baixa vibração, quando voltou, perguntou aos benfeitores: "O que eu vou lembrar?" E eles responderam: "Vai ser como um pesadelo". Então poderíamos dizer que em alguns pesadelos nós estamos no mundo espiritual trabalhando no bem?*

D. F.: Sim. Quando estamos trabalhando em favor do bem, ao retornarmos, temos sensações eufóricas de vermos, por exemplo, pessoas queridas, seres angelicais: Jesus Cristo, Maria Santíssima. É como o nosso cérebro decodifica as imagens com as quais não está familiarizado.

Mas, quando se trata dessas regiões de sofrimento e angústia, como no caso em tela, ao qual Philomeno de Miranda se refere ao Anfiteatro, aquela região terrível que era comandada por um Espírito grande hipnotizador, então, recordamos com sensações desagradáveis. As imagens são convertidas em angústia e estados de aflição sem aparente causa.

SONHOS E DESDOBRAMENTO

9. É possível estabelecer uma diferenciação entre sonho e desdobramento? Como a pessoa faz para diferenciar?

D. F.: Quando tem lógica, sem margem a qualquer confusão, pois o desdobramento é muito claro, tão real ou mais do que no estado de lucidez orgânica.

Nos sonhos, em geral, quase sempre ocorrem determinadas expressões não condizentes, às vezes têm todo um roteiro e um desfecho inesperado, noutras apresentam-se lacunas, enquanto no desdobramento temos a lembrança total, correta e feliz. Eu pessoalmente estabeleci uma diferença: os sonhos em *tecnicolor* são de desdobramento, o Espírito vê e imprime no cérebro conforme percebe, enquanto os sonhos em *preto e branco* são aqueles que refletem muito as fixações do nosso inconsciente.

Alguém me perguntou, oportunamente, como seria em *preto e branco*. Quando se narra um sonho e diz-se o que aconteceu sem minúcias, é do inconsciente, enquanto o desdobramento é a vivência em tempo real com detalhes curiosos, como, por exemplo: "Eu vi uma campina verde, era um lugar com tais características", então foi um sonho em *tecnicolor*.

COMO REPROGRAMAR OS SONHOS

10. Você, em algumas palestras, diz que é possível reprogramar o sonho. Como fazer isso?

D. F.: Essa é uma proposta da psicologia, que podemos pôr em prática quando o desejarmos.

Quando se tem uma fixação neurótica, uma lembrança de algo culposo, sonha-se sempre com aquele fato desagradável acontecendo, ou com pesadelos que parecem levar à morte, a um acidente, a qualquer efeito grave. Ao despertar-se assustado, bem no momento máximo do acontecimento onírico, a pessoa refaz o sonho e programa o final feliz.

Volta a deitar-se e as últimas impressões transmitidas ao subconsciente fazem que o sonho se repita sem o impacto infeliz de antes.

É certo que não se dará no primeiro tentame. Necessita de muita insistência. Vamos encharcando o inconsciente com a proposta nova e no futuro sonho aquela imagem anterior substituída permitirá que o concluamos de maneira ditosa.

SENSAÇÃO DE CAIR EM CRIANÇAS E ADOLESCENTES

11. No caso de crianças e adolescentes, são muito comuns os sonhos em que eles se veem caindo em precipícios. Existe algum significado especial para esses sonhos?

D. F.: Na criança, o Espírito ainda não tomou conta totalmente do cérebro, segundo alguns especialistas como o doutor Banerjee,[7] o que ocorreria entre os sete e dez anos, embora Kardec diga que a reencarnação completa-se no momento da vida extrauterina, o que não quer dizer que o cérebro se apropriou de todos os seus valores transcendentais. Permanece no seu inconsciente a imagem de queda, de descida, de mergulho, que é a *lembrança* dolorosa da passagem pelo canal vaginal. Nos adolescentes, já são as primeiras reminiscências de acontecimentos anteriores, em que a culpa ainda não se manifestou, assim como a responsabilidade e o arrependimento ainda não se conscientizaram. Então o cérebro decodifica esse tipo de conflito como uma queda no abismo, onde vai despedaçar-se ou afogar-se. É o caso de reprogramação do sonho, caso seja repetitivo.

[7] Hemendra Nath Banerjee (1929–1985), diretor do Departamento de Parapsicologia da Universidade de Rajasthan, Índia, realizou uma série de investigações acerca de diversos casos de crianças que se lembravam de suas vidas anteriores. Publicou o livro *Vidas Pretéritas e Futuras*.

SENSAÇÃO DE QUEDA EM ADULTO

12. E quando o adulto sonha que está caindo?

D. F.: Significam, invariavelmente, conflitos de culpa de que a pessoa tem necessidade de libertar-se. Em razão disso, surgem esses tipos de pesadelos terríveis, especialmente de quedas, ou quando, ao contrário, há sensações de liberdade e de paz interior, sonha-se que se está voando, em verdadeiro desdobramento espiritual.

SONHOS E OBSESSÃO

13. Através dos sonhos pode haver uma interferência de um campo obsessivo?

D. F.: Normalmente, para os Espíritos atrabiliários e muito endividados, os seus adversários utilizam-se desse momento de parcial desprendimento para apavorá-los e fazê-los despertar assustados, criando inibições, episódios de insônia, e de tal forma se repetem essas aparições tormentosas que o paciente passa a ter transtornos complexos na emoção, derrapando nas obsessões ou depressões.

SONHOS PERTURBADOS

14. Uma noite de sonho perturbado atrapalha a vida cotidiana?

D. F.: Sem a menor dúvida, por causa da ingestão dos fluidos negativos, quando sob a ação de Entidades perversas. Nesses transtornos, ocorre também abalo psicológico e o indivíduo perde a consciência, que fica dominada por imagens afligentes que, durante o dia, levam-no a estados deploráveis de conduta. Daí a importância da oração. A oração antes de dormir abre-nos as formosas portas do mundo espiritual.

É comum as pessoas irem deitar-se e ligarem a televisão, assistindo películas de sexo explícito, de violência, ou, então, os noticiários deprimentes. Toda essa carga é introjetada no inconsciente, proporcionando sono inquieto e sonhos infelizes.

Se, no entanto, permitir-se fazer uma boa leitura, arquivando no inconsciente imagens boas, desejos nobres de realização, de apreço, além de tranquila a noite, ela será povoada de sonhos positivos.

PREPARAÇÃO PARA O SONO

15. Então a preparação para o sono é fundamental no processo de transição?

D. F.: Tanto quanto o bom despertar, porque, para que haja o *repouso* dos neurônios cerebrais e possam continuar as neurocomunicações tranquilas, é necessário que não haja na mente excitações que provoquem aceleração e produção de neuropeptídios que podem descarregar no organismo efeitos colaterais, que seriam os transtornos de humor, os sentimentos de culpa, a inquietação, o mal-estar. Uma boa preparação pode provocar o bem-estar, a euforia, o despertar saudável, a alegria de viver.

PREMONIÇÃO

16. ***Existem sonhos premonitórios?***

D. F.: Sem dúvida nenhuma. Basta que nos recordemos do sonho que teve Zacarias com sua mulher, Isabel, que era infértil, quando o anjo veio dizer-lhe que ela seria mãe, assim como de tantos outros pequenos e grandes vultos da história da humanidade.

O sonho premonitório nada mais é do que uma informação recebida no Além, que nós trazemos intacta. O tempo, que é relativo, conforme Einstein,[8] permite aos Espíritos penetrarem no que chamamos amanhã, como naquilo que chamamos ontem.

Muitas vezes eu tinha dificuldade de entender isso, em razão do tempo linear, o sempre hoje. Certo dia, um Espírito amigo explicou-me que um indivíduo se encontrava no alto de uma montanha parecida com um cone arredondado e viu que alguém começava uma viagem numa estrada que a contornava em ascensão. Do alto, ele via o indivíduo, portanto, o presente, mas, alongando a vista, via uma ponte caída, então ele podia prever que o automóvel não iria ultrapassá-la, o que representava o futuro, ao tempo em que igualmente via o trecho percorrido, que era o passado. Ora bem, através de uma imagem grotesca como essa, eu consegui entender esse tempo.

O tempo tem outra dimensão de acordo com o nível de evolução do ser espiritual ou do planeta, conforme o seu movimento de rotação e translação à volta do sol ou de outro astro.

Dessa forma, os Espíritos superiores sabem o

[8] **Albert Einstein** (1879–1955), físico teórico alemão radicado nos Estados Unidos. Cem físicos renomados o elegeram, em 2009, o mais memorável físico de todos os tempos. É conhecido por desenvolver a teoria da relatividade. Recebeu o Nobel de Física de 1921, pela correta explicação do efeito fotoelétrico; no entanto, o prêmio só foi anunciado em 1922. O seu trabalho teórico possibilitou o desenvolvimento da energia atômica, apesar de não prever tal possibilidade. Disponível em: <http://pt.wikipedia.org/wiki/Einstein>. Acesso em: 1 jun. 2010.

que vai acontecer e muitas vezes informam durante o sonho, e a pessoa retorna com essas imagens nítidas.

Allan Kardec aborda a questão com muita propriedade, e o Espírito Joanna de Ângelis desdobra-a no livro *No Limiar do Infinito*, num capítulo muito bonito sobre sono e sonhos.

DESDOBRAMENTOS DE DIVALDO

17. Como você é médium tem muitos desdobramentos. O que você lembra quando retorna?

D. F.: Dos desdobramentos, eu recordo invariavelmente uma média de 60%, tal a nitidez, mesmo porque um grande número é provocado pelos benfeitores, quando me convocam para atividades mediúnicas. Então me aplicam um tipo de passe magnético e eu me desdobro do corpo com facilidade. Mas os sonhos dos meus conflitos, os meus sonhos de inquietações e de ansiedades ou de fixações, eu identifico logo como sendo da vida atual.

É curioso notar que eu tenho sonhos constantes viajando, por causa do meu condicionamento, e, nesses sonhos, estou sempre perdendo a pasta com os meus documentos, então sempre acordo angustiado, pela perda da passagem, dos poucos valores, ou de qualquer coisa que alguém teria furtado ou eu esquecido em algum lugar. Isso até conhecer a técnica da reprogramação, quando comecei a trabalhar esses sonhos afligentes. Era eu ter um sonho que ia pegar o avião e não o alcançava, por exemplo, e, ao acordar ansioso, dizia a mim mesmo que estava tudo bem. Logo reprogramava, entrando no avião na última hora e chegando ao destino em paz. Nunca mais sonhei com a perda de documentos ou atrasado para alcançar o voo, que é uma coisa do meu cotidiano.

DESDOBRAMENTO MARCANTE DE DIVALDO

18. Você poderia narrar algum desdobramento que tenha sido marcante para você?

D. F.: Vários, principalmente no encontro com seres queridos desencarnados. Recebo muitas correspondências, nas quais as pessoas me escrevem pedindo informações, e essas informações devem ser muito cautelosas, dentro de uma ética de respeito à dor. Os bons Espíritos, vez por outra, por meu intermédio, nos últimos tempos, mandam uma ou outra mensagem, em razão do pouco tempo de que disponho para esse mister, enquanto antes eram mais frequentes.

Outras vezes eu me desdobro conscientemente, sempre conduzido pela benfeitora espiritual Joanna de Ângelis e tenho os encontros.

Recordo, por exemplo, de uma cena que marcou profundamente a minha vida. Desde há muitos anos, a partir de 1948, temos um movimento dedicado ao espírito Auta de Souza,[9] a nobre poetisa potiguar, cognominada *a cotovia triste*, que se celebrizou com um único livro, *Horto*, e com quem nós temos muita familiaridade. Chico Xavier[10] recebeu muitos poemas a mim dedicados, como *Agora*, *Mãos* e outros, cujos originais eu guardo com muito carinho.

Certa feita eu me senti fora do corpo, e o Espírito Auta de Souza me disse: "Divaldo, nós vamos hoje visitar regiões muito dolorosas – que nós espíritas chamamos de regiões umbralinas, e que os católicos chamariam de regiões purgatoriais. Seremos guiados

---

[9] **Auta de Souza** (1876–1901), poetisa brasileira da segunda geração romântica (ultrarromântica, byroniana ou Mal do Século), autora de *Horto*. Escrevia poemas românticos com alguma influência simbolista e de alto valor estético. Segundo Luís da Câmara Cascudo, é "a maior poetisa mística do Brasil". Disponível em: <http://pt.wikipedia.org/wiki/Auta_de_Souza>. Acesso em: 2 jun. 2010.

[10] **Francisco Cândido Xavier** (1910–2002), nascido como Francisco de Paula Cândido Xavier e mais conhecido popularmente por Chico Xavier, notabilizou-se como médium e célebre divulgador do Espiritismo no Brasil. Disponível em: <http://pt.wikipedia.org/wiki/Chico_Xavier>. Acesso em: 2 jun. 2010.

pela rainha Santa Isabel de Portugal.[11] Eu conhecia de nome a rainha santa e possuía ligeiras informações sobre a sua vida de dedicação aos pobres e sofredores, principalmente rica de amor e de caridade, enquanto rainha de Portugal.

Sem dar-me conta, eu estava diante de uma Entidade de rara beleza, como se fosse entretecida de luzes cambiantes levemente douradas, comandando um grupo que ia adentrar por uma região pantanosa. Ela ia à frente com rosas e, à medida que ia atravessando aquele paul, periodicamente lançava uma rosa que produzia um arco-íris colorido e caía no chavascal iluminando-o. Os Espíritos infelizes gritavam, pediam socorro para tirá-los daquela região de horrores.

Os Espíritos que seguiam atrás atiravam redes luminosas e os aflitos nelas se agarravam com sofreguidão. Eram redes magnéticas que os traziam de volta, mas, quando o arrependimento não era legítimo, a rede rompia-se e eles continuavam em desespero no mesmo local.

[11] **Isabel de Aragão** (1271–1336), infanta aragonesa e, de 1282 até 1325, rainha consorte de Portugal. Ficou popularmente conhecida como **Rainha Santa Isabel** ou, simplesmente, **A Rainha Santa**. A história mais popular da Rainha Santa Isabel é sem dúvida a do milagre das rosas. Segundo a lenda portuguesa, a rainha saiu do Castelo do Sabugal numa manhã de inverno para distribuir pães aos mais desfavorecidos. Surpreendida pelo soberano, que lhe inquiriu aonde ia e o que levava no regaço, a rainha teria exclamado: *São rosas, senhor!* Desconfiado, D. Dinis inquiriu: *Rosas, no inverno?* D. Isabel expôs então o conteúdo do regaço do seu vestido e nele havia rosas, em vez dos pães que ocultara. Disponível em: <http://pt.wikipedia.org/wiki/Santa_Isabel_de_Arag%C3%A3o,_Rainha_de_Portugal>. Acesso em 1 jun. 2010.

Esse fato teve lugar numa terça-feira, e, a partir de então, os bons Espíritos me disseram, através de Auta de Souza, que a rainha santa, com uma equipe de nobres Espíritos, visita essas regiões dolorosas em nome do amor de Nosso Pai.

Eu, que fui católico, lembrei-me de uma tradição da igreja romana. Em maio, mês dedicado à mãe de Jesus, no dia 31, a Senhora dos anjos desce aos *infernos* e com o escapulário liberta alguém. Que curioso, era exatamente alguma visão psíquica do passado, semelhante a essa que foi incorporada à tradição da igreja e que no mundo espiritual é real, com ligeiras modificações.

PESADELOS EM CRIANÇAS

19. Quando as crianças acordam chorando e dizem ter tido pesadelos, qual deve ser a postura dos pais?

D. F.: A melhor terapêutica é a calma, conversando tranquilamente com o filhinho e esclarecendo-o com palavras simples sobre a ocorrência.

Se, por acaso, ele ainda não tem sete anos e o Espírito se encontra no processo de fixação total, mergulhando nos neurônios cerebrais, quando a criança estiver dormindo, devem conversar com ela, transmitindo-lhe segurança e paz. O fenômeno normalmente é efeito do Espírito que reencarna com medo, que tem receio de não ser bem-sucedido na prova e, naqueles estados de parcial consciência, aturde-se e retorna ao corpo apavorado. Outras vezes, seus inimigos aguardam-no além da linha do sono convencional, e ele se assusta com o reencontro, devendo os pais falar-lhe docemente, logo no primeiro sono: "Você é muito amado, você veio porque eu o desejei".

Isso, porém, num tom hipnótico, facultando confiança e segurança ao Espírito para continuar na sua trajetória. E, quando forem questões de perturbações, dizerem: "Meu benzinho, papai está aqui, mamãe está com você, durma novamente, eu vou vigiar um pouco, depois eu também vou deitar-me, mas antes ficarei vigiando".

É de bom alvitre aplicar-lhe passes, a terapêutica do toque através da bioenergia que todos possuímos. Orando e pedindo a Deus como fazia Jesus, nós transmitiremos energias saudáveis e poderemos ajudar o filhinho a repousar em confiança e tranquilidade.

CRIANÇAS COM VISÕES

20. E quando a criança diz que está sentindo ou vendo coisas? Alguns pais dizem que isso não é nada, que não há nada.

D. F.: É importante elucidar, enfrentar a realidade, numa linguagem compatível ao entendimento da criança.

Os meus fenômenos mediúnicos começaram quando eu tinha quatro anos e meio, e meus pobres pais, que não entendiam de nada, diziam que aquilo era loucura, que nada existia, sendo muito pior essa informação do que a explicação que me pudessem haver dado, porque na hora em que eu tomei consciência que eram os Espíritos passei a acostumar-me com eles. Era a população *invisível* que existe ao nosso lado e que está na Terra, em volta de todos nós, porque o mundo espiritual interpenetra o mundo físico, como sendo o mundo da energia.

Os pais devem abordar o fato com tranquilidade, elucidando: "Realmente você encontrou alguém, se assustou, mas isso vai passar, é um amiguinho seu muito querido, você vai entender".

HISTÓRIAS INFANTIS

21. Qual a importância das histórias que se contam para as crianças antes do sono?

D. F.: Elas são fantásticas, porque lhes enriquecem a imaginação, principalmente os contos de fadas e as narrativas da vida de Jesus, dos santos, dos homens e mulheres de bem.

A característica terapêutica dos contos de fadas, hoje muito bem explicados pela psicologia de Jung ou mesmo pela psicologia e pela psicanálise, faculta que a mente fique enriquecida e a criança não tenha pesadelos, porque ela vai mais pela magia das palavras, pelo que pode entender, e, é claro, entra numa faixa vibratória diferente, na qual os Espíritos perturbados não podem movimentar-se.

CRIANÇA E TELEVISÃO

22. Devemos ter cautela com as crianças que dormem assistindo à televisão?

D. F.: Hoje vejo desenhos animados, sem nenhuma pretensão de censurar coisa nenhuma, que trazem monstros, já não se contentando os desenhistas em apresentar seres que vão destruir a Terra, mas aniquilar o Universo. Ora, na imaginação infantil, essas mensagens criam conflitos terríveis e naturalmente pesadelos hórridos.

CONSIDERAÇÕES FINAIS

23. Suas considerações sobre sonhos.

D. F.: Dizia Platão[12] que a vida física é um *sonho*, considerando-se a realidade do mundo espiritual. Na indumentária carnal, estamos em um período transitório, a nossa vida psíquica é o nosso ontem, mas ela também desenha o nosso amanhã. Sonhar faz bem, procuremos então introjetar as melhores ideias, os bons pensamentos, as orações, as leituras edificantes e durmamos em paz, porque o Senhor nos conduzirá ao seu reino.

[12] **Platão** (Atenas, 428/427 a.C–348/347 a.C), filósofo e matemático do período clássico da Grécia Antiga, autor de diversos diálogos filosóficos e fundador da Academia em Atenas, a primeira instituição de educação superior do mundo ocidental. Juntamente com seu mentor, Sócrates, e seu pupilo, Aristóteles, Platão ajudou a construir os alicerces da filosofia natural, da ciência e da filosofia ocidental. Disponível em: <http://pt.wikipedia.org/wiki/Plat%C3%A3o>. Acesso em: 1 jun. 2010.

DEPRESSÃO

DEPRESSÃO, TRISTEZA E MELANCOLIA

1. Como definir o estado depressivo e como diferenciar da tristeza e da melancolia?

Divaldo Franco: A melancolia era um termo clássico, desde a Grécia antiga, e o encontramos em Hipócrates[13] e em Galeno,[14] que, no século II d.C., fazendo a abordagem da melancolia, dizia tratar-se de um distúrbio procedente da bílis negra, a triste herança de Adão.

O termo melancolia sobreviveu largamente na história da medicina.

[13] **Hipócrates** (Cós, 460 a.C–Tessália, 377 a.C.) é considerado por muitos uma das figuras mais importantes da história da saúde, frequentemente considerado "pai da medicina", referido como uma das grandes figuras, entre Sócrates e Aristóteles, durante o florescimento intelectual ateniense. Disponível em: <http://pt.wikipedia.org/wiki/Hip%C3%B3crates>. Acesso em: 2 jun. 2010.

[14] **Cláudio Galeno ou Élio Galeno** (Pérgamo, c. 131 – provavelmente Sicília, c. 200), mais conhecido como Galeno de Pérgamo, proeminente médico e filósofo romano de origem grega e provavelmente o mais talentoso médico investigativo do período romano. Suas teorias dominaram e influenciaram a ciência médica ocidental por mais de um milênio. Disponível em <http://pt.wikipedia.org/wiki/Galeno>. Acesso em: 2 jun. 2010.

A palavra depressão surgiu pela primeira vez na literatura inglesa por volta do fim do século XVII, começo do século XVIII.

A tristeza é um ato de introspecção, mas nem sempre é melancólica. A melancolia tem raízes mais profundas, e, quando essa melancolia é demorada, torna-se patológica. Todos temos momentos de tristeza, momentos de melancolia que podem durar alguns dias.

Freud, ao publicar, por volta de 1900, o livro que ele intitulou Melancolia, assevera que é natural a todo indivíduo que passa por uma perda, a perda de um objeto, de um relacionamento, de um emprego, de alguém quando morre (eu não concordo aí com o pai da psicanálise, porque ninguém perde outrem quando ele morre, devendo dizer-se que morreu ou faleceu), ficar triste, melancólico. Sendo considerado normal, por um período de até quatro semanas, no entanto, quando se prolonga além disso, trata-se de um fenômeno patológico, uma depressão.

Então, a tristeza, digamos, é a primeira fase de desencanto, a melancolia é uma tristeza profunda, a depressão é uma denominação moderna ao transtorno da melancolia.

CAUSAS DO AUMENTO DOS TRANSTORNOS EMOCIONAIS

2. As estatísticas não são precisas, mas estima-se que entre 15% a 25% da população mundial sofra de alguns dos transtornos psiquiátricos, como a depressão crônica, o distúrbio bipolar, o transtorno obsessivo-compulsivo e a síndrome do pânico. Quais as causas dessa verdadeira epidemia? Podemos afirmar que é fruto do comportamento da sociedade atual ou existe outra explicação?

D. F.: Do ponto de vista espírita, todos esses fenômenos são do Espírito, doente é o Espírito, como, aliás, assevera a Organização Mundial de Saúde: "Não existem doenças, mas doentes".

Quando o indivíduo tem débitos perante a Consciência Cósmica, quando é um enfermo espiritualmente, encontra-se com predisposição para deixar-se afetar por essas ondas de perturbação, de desajustes, esses conflitos que vêm como heranças ancestrais dos seus desaires.

Dessa maneira, a melancolia e a depressão, os distúrbios do pânico e outros transtornos igualmente graves encontram-se em germes no Espírito que é devedor.

Existem, no entanto, fatores endógenos, tais como a hereditariedade – assevera-se que todo aquele que descende de um depressivo tem 30% de probabilidade de ser depressivo também, mas, se ele descende de um casal de depressivos, essa probabilidade sobe a 70% –, as enfermidades infectocontagiosas, as sequelas dessas doenças que respondem pela irrupção do estado depressivo, do transtorno obsessivo-compulsivo, do distúrbio do pânico, etc. Existem também os fatores de natureza exógena, aqueles externos, tais como os relacionamentos psicossociais, os fenômenos socioeconômicos, as induções e efeitos desses relacionamentos, a ansiedade, o medo, a solidão e as ocorrências denominadas como perdas. Todos eles contribuem de alguma forma para a instalação desses transtornos de conduta.

Foi Emil Kraepelin,[15] o notável *pai da psiquiatria moderna*, que estudou a depressão sob dois aspectos: o unipolar e o bipolar, que mais tarde seriam considerados como distúrbios da afetividade.

Esses fatores psicossociais referidos, o medo, a ansiedade, a solidão, são responsáveis por graves

[15] Emil Kraepelin (1856–1926), psiquiatra alemão. É comumente citado como o criador da moderna psiquiatria, psicofarmacologia e genética psiquiátrica. Kraepelin alegava que as doenças psiquiátricas são principalmente causadas por desordens genéticas e biológicas. Suas teorias psiquiátricas dominaram o campo da psiquiatria no início do século XX e, na sua essência, até os dias de hoje. Kraepelin contrariava a abordagem de Sigmund Freud, que tratava e considerava as doenças psiquiátricas como causadas por fatores psicológicos. Disponível em: <http://pt.wikipedia.org/wiki/Emil_kraepelin>. Acesso em: 2 jun. 2010.

transtornos, como fruto da nossa vida de *tempo sem tempo*, porque vivemos encarcerados no transcurso das horas, vivenciando compromissos perturbadores, o que produz ansiedade, induzindo-nos, sem dúvida, a alguns transtornos psicológicos muito graves.

O Espiritismo, no seu paradigma científico, apresenta uma terceira psicogênese para todos esses fenômenos perturbadores, que denominamos como a lei de causa e efeito, defluente das reencarnações de cada Espírito. Nessa lei, encontram-se os fatores predisponentes e preponderantes para a instalação dos transtornos clássicos, academicamente considerados. Nesse postulado, o Espiritismo identifica uma outra síndrome, a da obsessão, que se constitui da interferência de Espíritos perversos em nossas vidas.

Os gregos asseveravam que os deuses podem nos castigar, dando lugar ao surgimento da melancolia, no entanto, Aristóteles[16] refere que Platão e Sócrates,[17] periodicamente, entravam em melancolia

[16] **Aristóteles** (384 a.C. – 322 a.C.) filósofo grego, aluno de Platão e professor de Alexandre, o Grande. Seus escritos abrangem diversos assuntos, como a física, a metafísica, a poesia, o teatro, a música, a lógica, a retórica, o governo, a ética, a biologia e a zoologia. Juntamente com Platão e Sócrates (professor de Platão), Aristóteles é visto como uma das figuras mais importantes, e um dos fundadores, da filosofia ocidental. Disponível em: <http://pt.wikipedia.org/wiki/Arist%C3%B3teles>. Acesso em: 14 set. 2010.

[17] **Sócrates** (469–399 a.C.), filósofo ateniense, um dos fundadores e dos mais importantes ícones da tradição filosófica ocidental. As fontes mais importantes de informações sobre Sócrates são Platão, Xenofonte e Aristóteles (alguns historiadores afirmam só se poder falar de Sócrates como um personagem de Platão, por ele nunca ter deixado nada escrito de sua própria autoria.). Disponível em: <http://pt.wikipedia.

e naqueles estados eram inspirados pelos mesmos deuses. Aí identificamos duas vertentes: a melancolia punitiva e a inspiradora.

No entanto, hoje, como escreve muito bem o periodista americano de nome Solomon,[18] no seu notável livro *O Demônio do meio-dia*, a depressão toma conta do mundo, na sociedade norte-americana são dezenas de milhões de indivíduos crônicos, outros tantos experienciando-a na fase primária, e, depois do atentado de 2001, essas cifras aumentaram. No Brasil, cujas estatísticas não são muito divulgadas, a depressão hoje alcança uma estatística surpreendente.

org/wiki/S%C3%B3crates>. Acesso em: 2 jun. 2010.

[18] **Andrew Solomon** (1963), escritor nascido em Nova York. Ele escreve para publicações como o *New York Times*, *The New Yorker*, e *Artforum*, sobre temas como depressão, os artistas soviéticos, o renascimento cultural do Afeganistão e a política da Líbia. Seu livro mais recente, *O Demônio do meio-dia: um atlas de depressão*, ganhou o National Book Award 2001, foi finalista para o Prêmio Pulitzer 2002, e foi publicado em 24 idiomas. Disponível em: <http://en.wikipedia.org/wiki/Andrew_Solomon>. Acesso em: 2 jun. 2010.

ANSIEDADE

3. A Organização Mundial de Saúde afirma que o século XXI é o século da depressão, mas não só a depressão tem crescido muito, a ansiedade também. Inclusive, Joanna de Ângelis, no livro* Conflitos Existenciais, *dedica-lhe um capítulo. Por que isso tem ocorrido?

D. F.: Porque o indivíduo não se conforma com aquilo que tem, que lhe é concedido, e procura ganhar o tempo de maneira inadequada, com velocidade. Na atualidade, as informações viajam com muita rapidez e o volume é surpreendente, graças aos veículos de comunicação de massa, alcançando índices elevados, impossíveis de ser absorvidos. Essa busca sôfrega pelas ocorrências externas impede a vivência íntima, o contato com o Si profundo, desaguando em perversa ansiedade.

Os modernos tratadistas da questão asseveram que sofremos uma fissão em nossa psique, durante o processo da evolução antropológica. O que antes era unidade agora se apresenta em caráter duplo em nossa mente – eixo *ego-self* – parecendo que somos dois eus, o angélico e o demoníaco, que ficou muito bem caracterizado na obra de Stevenson,[19] *O Médico*

[19] Robert Louis Balfour Stevenson (1850–1894), novelista, poeta e escritor de roteiros de viagem. Escreveu clássicos como *A Ilha do Tesouro*,

e o Monstro. Esse bem e esse mal, muitas vezes lutando em nosso íntimo, desgastam-nos e levam-nos a armazenar conflitos e inquietações maiores do que podemos suportar. Ao mesmo tempo, gostaríamos de acompanhar o processo da evolução, estar a par dos acontecimentos, participar dos eventos, surgindo-nos o medo de ficar na retaguarda, e, como efeito, somos devorados pela ansiedade.

A ansiedade é um fenômeno psicológico natural, que tem lugar quando estamos esperando algo, quando encontramo-nos na expectativa de qualquer acontecimento bom ou mau. Em casos dessa natureza, a ansiedade é considerada normal, mas, quando experimentamos palpitação, temos sudorese fria, começamos a experimentar dores de cabeça e problemas de natureza digestiva, já se encontra instalada uma ansiedade patológica.

Este é o século, sim, dos ansiosos, que poderíamos acrescentar como sendo o dos insatisfeitos. Estamos sempre querendo mais, sem possibilidade de administrar o que já temos.

O Médico e o Monstro e *As Aventuras de David Balfour* também traduzido como *Raptado*. Disponível em: <http://pt.wikipedia.org/wiki/Robert_Louis_Stevenson>. Acesso em: 2 jun. 2010.

SÍNDROME DO PÂNICO

4. Outro distúrbio que tem atingido níveis alarmantes é a síndrome do pânico. Qual a explicação que o Espiritismo oferece para esse transtorno?

D. F.: A síndrome do pânico é relativamente moderna. Segundo os historiadores da psiquiatria, foi o psicólogo Da Costa,[20] por volta de 1870, que, analisando as síndromes da depressão, na qual estava incurso o que hoje chamamos de pânico, definiu as características desse mal.

O nome pânico vem do deus Pan, que na tradição grega apresenta-se com metade do corpo com forma humana e a outra com modelagem caprina. O deus Pan era guardador das montanhas da Arcádia e, quando alguém adentrava nos seus domínios, ele aparecia, produzindo no visitante o estado de pânico, palavra essa derivada do seu nome. Portanto, é um distúrbio muito antigo.

Invariavelmente a psicogênese do ponto de vista espírita encontra-se na consciência de culpa do pacien-

[20] Jacob Mendes da Costa, ou Jacob Mendez Da Costa (1833–1900), norte-americano, foi médico e cirurgião. Ele é particularmente conhecido pela descoberta da síndrome de Da Costa (também conhecida como o coração de soldado), um transtorno de ansiedade que ele observou pela primeira vez em soldados na Guerra Civil Americana e documentou em um estudo de 1871. Disponível em: <http://en.wikipedia.org/wiki/Jacob_Mendes_Da_Costa>. Acesso em: 2 jun. 2010.

te por atos perturbadores praticados na atual existência ou em existências pretéritas, o que proporciona um comportamento inseguro, desconfiado. Trata-se de alguém que busca esconder-se no corpo para fugir dos problemas que foram praticados anteriormente. Quando irrompe a síndrome do pânico, a sensação é terrível, porque é semelhante à da morte. É eminentemente um distúrbio feminino, embora atinja também, segundo os especialistas, o sexo masculino.

Segundo estou informado, faltando, naturalmente, confirmação científica, a síndrome do pânico nunca matou ninguém durante o surto, entretanto, aquela sensação horrorosa é praticamente igual à de morte.

Que fazer? Orar. Ter a certeza de que ela é de breve curso, procurar respirar profundamente, acalmar-se, vincular-se a Deus, rogar a proteção dos Espíritos nobres. Assim, lentamente, dá-se uma descarga de adrenalina, procedente das glândulas suprarrenais, e o indivíduo refaz-se, passando aquele período mais doloroso, fazendo simultaneamente a terapêutica com um psiquiatra e, de acordo com a psicogênese, um psicólogo ou psicanalista. Nada obstante, eu sugeriria pessoalmente que a pessoa procurasse também as terapêuticas espíritas, quais as das boas palavras, das reuniões doutrinárias, do conhecimento de si mesmo, dos passes ou bioenergia, da água magnetizada e, por extensão, do socorro que os bons Espíritos propiciam através das reuniões mediúnicas de desobsessão, que dispensam a presença dos pacientes.

TOC – TRANSTORNO OBSESSIVO-COMPULSIVO

5. Existe um crescimento no número de portadores do transtorno obsessivo-compulsivo (TOC). Como a Doutrina Espírita explica esse transtorno no qual a pessoa comporta-se de maneira estranha, como lavar as mãos compulsivamente ou confirmar se a porta está trancada inúmeras vezes, dentre outros. Isso decorre da existência atual da pessoa ou são reflexos das reencarnações anteriores?

D. F.: Poderemos afirmar que tanto pode resultar de transtornos da afetividade na infância, como a insegurança, fruto de uma mãe castradora ou supermãe, de um pai negligente, que geram no indivíduo aquele tormento da repetição, como pode também ter uma origem anterior, porque todos os nossos padecimentos atuais têm sempre uma causa, que, não sendo desta vida, é de existência anterior. Allan Kardec é muito claro em *O Evangelho Segundo o Espiritismo*, esclarecendo a questão conforme enunciado.

Normalmente, o TOC é um distúrbio muito grave, porque afeta o sistema nervoso central, e a pessoa nessa condição quase psicótica desgasta-se e necessariamente exige cuidadosa terapia especializada.

Também recomendo que, ao lado da terapia médica, psiquiátrica, se for o caso, que seja realizada a assistência espiritual, buscando o esforço em favor da autoiluminação, da meditação, da prece, da construção interior de novos hábitos, para poder libertar-se desse perverso condicionamento repetitivo e perturbador.

MELHOR TERAPIA PARA OS TRANSTORNOS EMOCIONAIS

6. Há duas correntes na medicina clássica sobre o melhor método para o tratamento desses transtornos. Os psiquiatras geralmente defendem a necessidade de se normalizar as desordens bioquímicas do cérebro, responsáveis pelos distúrbios emocionais. Já os psicólogos e psicanalistas defendem a necessidade de o indivíduo autoconhecer-se para identificar e sanar os conflitos emocionais desencadeadores do problema. Esses distúrbios psiquiátricos têm cura, e qual seria a melhor terapia para encontrá-la?

D. F.: Recorrendo-se, sem dúvida, à terapêutica psiquiátrica. Acredito, pessoalmente, que a problemática dos neurotransmissores em disfunção responde perfeitamente por esses e outros tantos transtornos. É claro que, para que tal ocorra, há fatores genéticos, portanto endógenos, e a psicologia pode contribuir de maneira eficaz para o reequilíbrio. O psicoterapeuta pode ajudar o paciente a encontrar esse fator que lhe desencadeia o transtorno de graves consequências, mas, para que se refaça o equilíbrio entre os neurotransmissores, sem dúvida a terapia psiquiátrica, utilizando os medicamentos específicos, irá contribuir com maior eficiência para a solução do problema.

O Espiritismo, por sua vez, oferece, dentro das técnicas modernas da doutrina, a conscientização do paciente, conduzindo-o à realidade do ser que é, despertando-o para a compreensão de que somente se sofre aquilo que é resultado de ações infelizes. Desse modo, propiciando-lhe a visão em torno da evolução reencarnacionista de que estes são efeitos de outros males praticados ontem, a mudança atual de conduta, mediante a ação da caridade, pelo bem que possa fazer, pela reflexão, pela prece, adquire méritos, e, por extensão, reequilibram-se os neurônios, porque o perispírito recebe reforço de energias saudáveis. É o perispírito, esse *modelo organizador biológico*, em cujo campo se expressam todos os órgãos, o responsável pelas boas assim como pelas más ocorrências nas atividades físicas, emocionais e psíquicas.

TRATAMENTO NO CENTRO ESPÍRITA

7. Que tipo de tratamento os Centros Espíritas podem oferecer para os portadores desses transtornos? Caso o problema seja detectado, o Centro Espírita pode assumir o tratamento sozinho e orientar a pessoa a abandonar o tratamento médico ou o psicólogo?

D. F.: Jamais! A função do Espiritismo não é curar corpos, mas erradicar os males que se encontram na alma e se manifestam através dos problemas orgânicos.

A função do Centro Espírita é estar ao lado da ciência, como esclareceu o codificador. A ciência tem a sua própria metodologia, e o Espiritismo não veio substituí-la, mas completá-la, indo, portanto, além das suas conclusões, pois que a ciência estuda os efeitos enquanto o Espiritismo remonta às causas.

Se algum médium ou instituição recomendar o abandono da terapia médica, abandone-se quem fez tal proposta, porque vai contra as diretrizes básicas da Doutrina Espírita.

Todo Centro Espírita deve ter um atendimento fraternal, para que a pessoa apresente seus problemas, dando lugar ao diálogo esclarecedor, no qual se intercambiam ideias, trabalham-se os problemas e os esclarecimentos pertinentes. O atendente fraterno é o companheiro que esclarece, e, logo depois, de acordo com a problemática do paciente, encaminha-o para os diversos setores da Instituição, onde as nossas terapêuticas, todas elas energéticas, baseadas no Evangelho de Jesus, irão auxiliá-lo a fazer o seu tratamento, autodescobrir-se, autorrealizar-se terapeuticamente, sem abandonar o concurso precioso da ciência acadêmica.

TRANSTORNOS EMOCIONAIS E OBSESSÃO

8. A atuação de um Espírito infeliz, chamado obsessor, e que algumas religiões chamam de 'encosto', pode provocar esses distúrbios? Como identificar se isso está ocorrendo?

D. F.: O claro e o escuro entre uma problemática de ordem psicológica, psiquiátrica e uma obsessiva é muito sutil, não havendo uma fronteira bem delineada que possa estabelecer onde começa o fenômeno obsessivo ou tem início o psicológico ou o psiquiátrico.

Genericamente, em todo e qualquer transtorno de natureza psicológica e psiquiátrica ou mesmo distúrbio orgânico, o Espírito é o doente, sendo, desse modo, válida a terapia de natureza espiritual. O despertar do paciente para o bem, com a consequente mudança de comportamento moral, sempre para melhor, constitui o mais seguro recurso de recuperação.

Os Espíritos podem provocar transtornos que classificaríamos dentro dessas variadas denominações e ser apenas obsessão. A obsessão pode ser simples, uma indução hipnótica e perturbadora, por fascinação, um narcisismo, uma autoconfiança exagerada, ou ser uma subjugação, o estágio no qual o indivíduo perde completamente o controle físico, emocional e mental.

Numa análise superficial, irá identificar-se o fenômeno como sendo exclusivamente de natureza acadêmica, embora a sua origem de natureza espiritual, e, prolongando-se, transforma-se também num distúrbio orgânico, quando então teremos uma obsessão com efeitos fisiológicos danosos. Noutras vezes, o fenômeno é fisiológico, e, prolongando-se, atinge determinado nível no qual os Espíritos perturbadores ampliam ou pioram o quadro, por isso a terapêutica deve firmar-se dentro dos cânones acadêmicos e simultaneamente às propostas espíritas, para tornar saudável o Espírito reencarnado e, por extensão, afastar as Entidades perniciosas, através da psicoterapia que denominamos como doutrinação.

DEPRESSÃO E MORTE

9. A depressão pode levar alguém à morte?

D. F.: É claro que sim. O indivíduo pode sofrer um tipo de surto muito grave, negar-se à alimentação, abandonar-se totalmente ao desprezo, deixar que enfermidades parasitas que nele se encontram, e muitas vezes não se manifestaram, tomem conta do seu organismo, produzam o depauperamento de forças e, por fim, a morte. Noutras vezes, pode levar o indivíduo ao suicídio, porque o paciente deseja libertar-se daquela situação deplorável, daquela angústia, daquele estado de morte em vida e salta no abismo para fugir. Ainda em outras situações, ele é inspirado a tomar essa atitude pelos seus inimigos desencarnados, que realizam o desforço, levando-o ao suicídio, graças, portanto, à obsessão.

DAMA DAS VIOLETAS

10. A propósito das alternativas de tratamento para a depressão, você poderia contar a história da mulher que ficou conhecida como a dama das violetas?

D. F.: É uma das belas histórias da psiquiatria contemporânea. Um grande psiquiatra americano, Milton Erickson,[21] foi chamado para atender uma senhora que estava em estado de depressão profunda fazia alguns anos. Quando ele foi vê-la, por solicitação da família, perguntou-lhe se gostaria que ele falasse a verdade, pois que era um psiquiatra, e se ela estava disposta a receber-lhe a colaboração. A senhora, com certa indiferença, concordou. Depois de alguns minutos, ele pediu-lhe licença para percorrer a sua casa. A casa era pintada em tons grisê[22], tudo era muito sombrio, mas, quando ele chegou numa varanda, notou que ela cultivava violetas. Então, ele percebeu que ali estava um fator que poderia despertar nela sentimentos positivos e terapêuticos.

Retornando ao quarto, disse-lhe: "Notei que a senhora gosta de violetas". Ela respondeu: "Realmente, é a minha única paixão". Ele conversou longamente com ela e despediu-se.

Ele havia notado um acúmulo de convites e cartões sobre a mesa da sala de jantar, que não haviam recebido atenção.

---

[21] **Milton Hyland Erickson** (1901–1980), psiquiatra estadunidense, foi especialista em terapia familiar sistêmica e uma das autoridades mundiais nas técnicas de hipnose aplicadas à psicoterapia. Foi fundador e presidente da Sociedade Americana de Hipnose Clínica, membro da Associação Americana de Psiquiatria, Associação Americana de Psicologia e da Associação Americana de Psicopatologia. Entre as contribuições de Erickson está a sua influência na programação neurolinguística que foi baseada, em parte, em seus métodos de trabalho. Disponível em: <http://pt.wikipedia.org/wiki/Milton_Erickson>. Acesso em: 12 ag. 2010.

[22] Cinzento.

Veio-lhe a ideia de realizar uma terapêutica especial. Sugeriu à família que lhe mandassem novos convites, e, na conversa final com a paciente, propôs-lhe que ao ser convidada para algo e não podendo ir mandasse um vaso de violetas, espalhando beleza e repartindo aquilo de que gostava com as demais pessoas. Ela aceitou a sugestão e a partir dali começou a receber muitos convites. Porque não saísse de casa, mandava os vasos de violetas, até que, subitamente, ela deu-se conta de que sua coleção havia terminado. Sentiu-se estimulada a comprar novas mudas, o material para confecção de vasos novos e, à medida que o tempo transcorria, foi-se libertando da inércia e tornando-se ativa no seu mister. Quando, mais tarde, desencarnou, a cidade em que morava sentiu-lhe a falta e denominou-a a *Dama das Violetas*.

PREVENÇÃO DA DEPRESSÃO

11. Muito se fala do tratamento da depressão. Mas como podemos evitar chegar a esse quadro?

D. F.: Às vezes, é difícil, porque o indivíduo é fragilizado em decorrência dessas circunstâncias externas do medo, da ansiedade, da solidão, do desamor.

Estando vulnerável, quando ocorre algo que o abala profundamente, ele foge para dentro de si mesmo e perde o interesse pelos valores da vida. Nesse caso, uma psicoterapia preventiva seria o valioso recurso da prece, tornar-se útil, procurar fazer o bem ao próximo, porque, mediante esse labor, fortalece-se, e, quando vêm os golpes chamados do destino, terá resistência para poder superá-los, reconhecendo o valor da sua existência, sabendo-se útil, assim estando estimulado a continuar a viver, a trabalhar em favor da sociedade. Não aceitar o mal, procurar sempre cultivar o ideal de viver, a alegria de ser útil, porque a vida é uma bênção. O Espírito Joanna de Ângelis sugeriu-me oportunamente cinco itens para a felicidade. O primeiro item, segundo ela é "A vida é bela".

Ora bem, se reflexionarmos, realmente a vida é bela em todos os seus aspectos. Em toda parte está presente a harmonia, canta a celeste música da beleza.

O segundo item é "Eu nasci para amar".

A maioria das pessoas sempre acha que nasceu para ser amada, olvidando-se que o amor não é um jogo de interesse, mas a própria razão de ser da vida.

O terceiro item é "Eu nasci para servir".

Se nos dedicarmos a servir, nossa vida adquire significado. Enquanto desejamos ser servidos, ainda nos encontramos na fase infantil da emotividade.

O quarto item é "O mal que me fazem não me faz mal, o mal que me faz mal é o mal que eu faço, porque me torna um homem mau".

Em realidade, ninguém faz mal a outrem, porque sempre ele é feito a si próprio, assim como o bem. Quando o indivíduo se dedica ao mal, ei-lo infeliz em sua ação.

E o quinto item é "Há um sol brilhando dentro de mim".

Quando o Sol brilha dentro de mim, a alegria, o objetivo essencial da vida nunca se apresenta entre sombras, qual ocorre com uma lâmpada, na qual a claridade vem de dentro para fora. Se alguém carrega uma lâmpada, embora a luz que irradia também projete sombra, quando o seu brilho é interior, um sol interno, tudo é luz, há alegria, há vida, não há depressão.

SOFRIMENTO DOS FAMILIARES

12. Além dos possuidores desses transtornos e distúrbios emocionais, os parentes mais próximos (pai, mãe, marido, esposa, filho) sofrem uma carga muito grande de angústia e aflição. O que você poderia dizer a esses familiares?

D. F.: Que amem os seus pacientes. Toda vez que num grupo familiar acontece algo perturbador, todo o grupo está incurso no mesmo débito. Não somos viajantes solitários, somos grupos espirituais que constituímos famílias biológicas e famílias espirituais. Quando temos em casa um paciente com transtorno dessa natureza, somos afetados inevitavelmente.

Ao invés da irritação, da exigência para que ele reaja, a paciência, a bondade, porquanto o paciente não pode reagir, porque tem carência de serotonina[23], noradrenalina[24], dopamina[25], e isso produz um estado de "morte interior".

Que lhes demos segurança, simpatia, afetividade, que os estimulemos à terapêutica e insistamos, mesmo que eles se neguem, que procuremos levá-los ao especialista, para que possam libertar-se desse estado crepuscular, mas não nos deixemos dominar pela revolta ou pela amargura para não assimilar essa energia deletéria, considerando que esse ser, essa ave ferida, está junto ao nosso coração, porque fazemos parte do grupo que um dia feriu também a outrem.

[23] **Serotonina** - Substância cristalina, derivada da triptamina, encontrada em pequena quantidade no cérebro, que é um neurotransmissor e tem ação vasoconstritora; hidroxitriptamina.

[24] **Noradrenalina** - Hormônio relacionado à adrenalina.

[25] **Dopamina** - Catecolamina natural, com uso terapêutico.

ANJO PROTETOR

ANJO DA GUARDA PARA O ESPIRITISMO

1. O Espiritismo reconhece os anjos da guarda?

Divaldo Franco: Sem sombra de dúvidas, todos nós reencarnamo-nos sob a proteção de uma entidade superior vulgarmente conhecida pela tradição como sendo o nosso anjo da guarda. Na linguagem espírita, naturalmente, denominamos como sendo nosso guia espiritual. Trata-se de um Espírito nobre que nos inspira desde antes do berço e que durante a nossa existência acompanha-nos, ensejando-nos, na condição de um mestre, de um orientador, de um benfeitor, a oportunidade do nosso desenvolvimento intelecto-moral.

TEMPO DE PROTEÇÃO

2. Esse Espírito protetor, esse anjo da guarda, está o tempo inteiro ao lado do seu protegido?

D. F.: Não necessariamente. Invariavelmente esses Espíritos abençoados pela evolução permanecem em verdadeiros núcleos de atividade transcendental e sempre, quando necessário, apresentam-se ou acorrem em defesa e em proteção dos seus beneficiários, não se tornando necessário que sempre lhes estejam ao lado, como se fossem capatazes, porquanto os Espíritos, principalmente os nobres, movimentam-se com velocidade superior à da luz, pois que através do pensamento. Sempre que se faça necessária a sua presença, eis que eles se apresentam com tranquilidade. Embora sendo nosso benfeitor espiritual, realiza outras tarefas, podendo, concomitantemente, ser mentor de outros indivíduos ou até mesmo de outros grupos de indivíduos.

PROTEÇÃO DE FORMA OSTENSIVA

3. Por que eles não fazem essa proteção de uma forma mais ostensiva, que nós pudéssemos perceber mais a presença desses Espíritos protetores?

D. F.: Eles o fazem, sim. Ocorre que nós não sintonizamos com essa presença. Aí está o Sol abençoado ajudando-nos, e um grande número de pessoas, sem nenhum motivo, evita-lhe receber os raios benéficos, que tanto ajudam a fixação das vitaminas e o desenvolvimento orgânico. Os Guias espirituais nos ajudam, mas nós estamos mergulhados na matéria grosseira e nem sempre nos encontramos em sintonia com eles. Mesmo quando deixamos de atender às suas instruções, às orientações, às inspirações, ao código de ética moral que vige em todo o universo e nos afastamos da trilha do bem, eles permanecem ajudando-nos sem enfado. Se por acaso a sua assistência fosse mais ostensiva, iria prejudicar-nos o livre-arbítrio, diminuindo a nossa própria capacidade de discernir, ao tempo em que perderíamos o contato com a realidade e deixaríamos de desenvolver as nossas aptidões internas. Como excelentes mestres, auxiliam-nos, mas deixam que realizemos as tarefas, sem imposições, para que o mérito seja nosso.

REQUISITOS PARA SER ANJO DA GUARDA

4. Quais são as características, os predicados, os requisitos para um Espírito receber a tarefa de ser um anjo da guarda? Ele tem que ser um santo?

D. F.: De maneira nenhuma. Porque a santificação na Terra pela tradição é sempre outorgada por uma entidade religiosa, mas o Espírito pode ser um indivíduo santificado pelo bem, pode até mesmo não ter tido uma religião definida, havendo sido a sua a religião do amor, da solidariedade, da beneficência.

Quando nos recordamos dos grandes construtores da humanidade, que mais nos importa: a sua religião ou aquilo que fizeram para que o progresso se estabelecesse na Terra? Quando nos recordamos, por exemplo, de Pasteur[26] trabalhando para libertar-nos da raiva, desde o animal até a criatura humana,

[26] Louis Pasteur (1822–1895), cientista francês. Suas descobertas tiveram enorme importância na história da química e da medicina. É lembrado por suas notáveis descobertas das causas e prevenções de doenças. Suas descobertas reduziram a mortalidade de febre puerperal, e ele criou a primeira vacina para a raiva. Seus experimentos deram fundamento para a teoria microbiológica da doença. Foi mais conhecido do público em geral por inventar um método para impedir que leite e vinho causem doenças, um processo que veio a ser chamado pasteurização. Disponível em: <http://pt.wikipedia.org/wiki/Pasteur>. Acesso em: 2 jun. 2010.

apresentando-nos o soro antirrábico. Será importante saber qual foi a sua denominação religiosa? Mesmo que não a tivesse, a sua religião foi a solidariedade humana. Qual a religião que Jesus pregou? O amor como sendo a base para a felicidade humana.

Então, esses indivíduos não necessitam da auréola de santificação emprestada pelas criaturas, muitas vezes sem que a sua vida haja correspondido a essa gratificação, mas aqueles que se santificaram pelo bem, pela caridade, pelo devotamento, são esses os guias espirituais das criaturas humanas.

ANJO DA GUARDA E O RESULTADO DE SEU TRABALHO

5. Esse Espírito protetor responde pelo resultado do trabalho que ele fez. Se o protegido não andar bem, ou se o protegido consegue andar no bom caminho, ele vai lucrar alguma coisa com isso, ou não?

D. F.: Imaginemos um mestre que administra uma aula. Ele dispõe de alguns discípulos, uns atentos, outros rebeldes, outros mais indiferentes, diversos desinteressados. O mestre tenta atraí-los à aula, mas, se não consegue, procura desincumbir-se do compromisso assumido que é o seu dever. A sua gratificação é a aprendizagem dos alunos que se interessaram pelo crescimento intelecto-moral.

Quando os guias espirituais apresentam-se na fase de protetores – que seria uma classe um pouco abaixo –, são os amigos de muitas horas, permanecendo conosco mais constantemente, sob o comando daquele que realmente é o nosso guia espiritual. Quando, por exemplo, eles não logram atingir as metas delineadas para nós, entristecem-se, como bons educadores que são, mas isso não os perturba de maneira nenhuma, porque eles sabem que, mais tarde, voltaremos ao caminho do bem.

No entanto, quando os frutos são opimos[27] e nós respondemos de maneira edificante às suas instruções, eles exultam e, de alguma forma, são compensados pela alegria do serviço exitoso.

ANJO PROTETOR DO BRASIL

6. Somente o indivíduo, somente as pessoas possuem um anjo protetor ou guia espiritual, como você disse, ou também os grupos de pessoas, a sociedade, ou até mesmo as nações? Por exemplo, o Brasil tem um anjo protetor?

[27] Abundante, fecundo, fértil, rico e excelente.

D. F.: Naturalmente que sim. Os indivíduos formam grupos, esses grupos, associações e comunidades. É natural que entidades mais elevadas numa progressão vão ascendendo desde o guia espiritual do individuo àquele que é responsável por uma comunidade, por uma nação.

Segundo as tradições, o anjo Ismael é considerado o guia espiritual do Brasil. É semelhante a um chefe de Estado que tem eficiente equipe de administradores nas várias áreas, que se encarregam de atender aos vários setores, sendo a decisão final sempre a ele pertencente, e, quando tem dificuldades, recorre a Jesus que é o guia espiritual do planeta terrestre.

Há, portanto, toda uma graduação, dentro dos níveis da evolução. Allan Kardec classificou os Espíritos desde os primários até os anjos, arcanjos, querubins, potestades, em uma escala infinita que vai desde a nossa ideia primitiva até o estado de perfeição relativa que nos está destinado.

PEDIDOS PARA O ANJO DA GUARDA

7. O Espírito protetor pode atuar para atender um pedido nosso, como soprar os seis números da Mega Sena acumulada? Ou então, por exemplo, para arrumar casamento?

D. F.: Claro. Ele pode, sim, porque normalmente tem a presciência, mas não o faz, porque seria privilegiar um indivíduo em detrimento de uma comunidade e, com essa proteção, que seria absurda, tornar o indivíduo frívolo, irresponsável.

A função dos Espíritos nobres não é a de uma buena dicha[28], assevera Allan Kardec, nem se encarrega de procurar empregos, enunciar números de sorte, ou proporcionar casamentos.

Muitas vezes, pessoas vêm até mim e pedem para que eu interfira junto aos benfeitores espirituais, a fim de que se casem. Eu costumo responder, de maneira jocosa, embora gentil, que procurem um médium casado, porque, comigo, não deu certo, até hoje não me proporcionaram o casamento. É certo que eles não se envolvem nesses problemas da afetividade, que se encontram desenhados em nossos compromissos morais em decorrência da conduta em existências anteriores.

[28] Boa sorte.

Melhor será proceder bem, trabalhar e granjear o merecimento das leis soberanas da vida, porque a felicidade independe do dinheiro, do casamento, do emprego. É um estado interior que logramos graças à consciência tranquila, ao caráter reto e ao trabalho digno.

ALCANCE DA ATUAÇÃO DO ANJO PROTETOR

8. Para exemplificar melhor ainda o trabalho ou a atividade do anjo protetor, o anjo da guarda ou guia espiritual, vamos imaginar uma situação hipotética, uma pessoa que deseja atirar em outra, mas a bala por algum motivo não atinge a pessoa que era o alvo. Pode, nesse caso, o anjo da guarda, o guia espiritual ter desviado essa bala? E a criança que caiu da janela e ficou pendurada pela fralda, pode ser ação do espírito protetor?

D. F.: Cada caso é um caso. Allan Kardec diz, por exemplo, que, se vamos passando por uma construção e cai um tijolo em nossa cabeça, não foi atirado por um Espírito mau, mas um Espírito bom pode inspirar-nos a evitar passar por ali naquele momento, ou contornar aquela situação, o que impediria um acidente.

No caso de uma bala, segundo Allan Kardec quando abordou a questão das chamadas balas mágicas, que eram conhecidas na época, o Espírito não irá desviar a bala, mas poderá interferir no sistema nervoso do agressor para que ele perca a pontaria. É uma ocorrência que depende da lei do mérito daquele que seria a vítima. Se ele não estiver incurso em débito como decorrência da Lei de causa e efeito, não lhe acontecerá um dano daquela natureza, qual seja ser vítima de um homicídio.

No caso da criança a que se referiu a imprensa, ao cair do edifício, ela foi amparada por uma lança que lhe prendeu a fralda, evitando-lhe o choque brutal no solo. Podemos acreditar na possibilidade também de uma interferência de um Espírito nobre, seu guia espiritual, para poupá-la da tragédia, já que necessitaria continuar a sua atual existência, porque lhe será útil como uma reencarnação proveitosa.

PROTEGIDO REBELDE

9. Se o protegido é rebelde, o Espírito protetor pode abandoná-lo?

D. F.: Nunca! O bom mestre não abandona o aluno recalcitrante, antes procura mudar de metodologia, a fim de conquistá-lo. Qualquer educador sabe que existem vários recursos para atingir a finalidade que busca. Tanto pode usar o método direto, como utilizar de sutilezas. Então, no caso de um Espírito nobre que acompanha o indivíduo irrefletido, que é frívolo, rebelde, ele continua ajudando-o, naturalmente lamentando as ocorrências infelizes, qual sucede com um educador da infância que, vendo o menino traquinas ou a menina rebelde, sabe que essa conduta é transitória, e chegará o seu momento de amadurecimento psicológico.

Desse modo, o bom Espírito nunca abandona o seu protegido, mesmo quando, por acaso, ele se afasta da sua companhia. O espírito Emmanuel,[29] atra-

[29] Emmanuel é o nome dado pelo médium espírita brasileiro Chico Xavier ao espírito a que atribui a autoria de boa parte de suas obras psicografadas. Esse espírito era apontado por Chico Xavier como seu *orientador espiritual*. A obra mediúnica atribuída a Emmanuel é composta por dezenas de livros, muitos deles traduzidos para diversos idiomas. São romances históricos, livros de aconselhamento espiritual, obras de exegese bíblica, etc. Disponível em: http://pt.wikipedia.org/wiki/Emmanuel_(esp%C3%ADrito), Acesso em: 4 jun. 2010.

vés do venerando apóstolo Chico Xavier, tem uma imagem muito curiosa, informando que o Espírito protetor pode ser comparado a um guarda-sol ou a um guarda-chuva. Se o indivíduo deixa essa proteção de lado, o instrumento não corre atrás dele, permanecendo onde foi deixado, até que desperte para a realidade e retorne em busca da cobertura acolhedora, da sua proteção.

PRESSENTIMENTOS

10. Vez por outra somos envolvidos por uma voz interna, como se fosse um pressentimento. Nesse caso seria uma advertência do nosso guia espiritual, do nosso anjo da guarda?

D. F.: Allan Kardec revela em *O Livro dos Espíritos* que, muitas vezes, chega-nos uma primeira ideia, que é chamada voz interior. Invariavelmente pertence a um Espírito bom, guiando-nos para a trilha do bem, direcionando-nos com segurança quando estamos numa encruzilhada de indecisões, quando estamos diante de problemas que surgem e não sabemos qual a melhor conduta. Allan Kardec recomenda o silêncio, a oração, o recolhimento e a primeira ideia que venha, por certo, é transmitida pelo anjo da guarda ou guia espiritual.

JOANNA DE ÂNGELIS

11. A sua mentora é o Espírito Joanna de Ângelis. Ela o acompanha desde que você nasceu. Como foi descobrir que sua mentora havia sido mulher?

D. F.: Eu acredito que muito antes de eu nascer, segundo me revelou oportunamente. Por ocasião da codificação kardequiana, ela teria sido convidada para fazer parte do grupo de Espíritos que contribuíram para a grande revelação espírita e constituíram a equipe de *O Consolador*. A sua contribuição deu-se mediante uma mensagem com o pseudônimo *Um espírito amigo*, que está inserta em *O Evangelho Segundo o Espiritismo*, de Allan Kardec, e é intitulada *A paciência*. Contou-me, também, que aproximadamente cem anos antes de construirmos a Mansão do Caminho, ela teria reunido, no mundo espiritual, um grupo de seres que lhe eram muito queridos e estabeleceu a programação para essa atividade, na qual nos envolvemos, em razão de constituirmos uma família espiritual, cujos vínculos precedem a reencarnações já remotas. Desse modo, estamos comprometidos desde antes de reencarnarmos, e teria me preparado para a tarefa modesta que venho exercendo sob a sua inspiração e em nome de Jesus Cristo.

Durante muitos anos apareceu-me como uma claridade, causando-me muita dificuldade em identificá-la. No dia 5 de dezembro de 1945, contava eu 18 anos, transmitiu uma mensagem psicofônica através de mim e, falando aos amigos – éramos cinco pessoas –, sugeriu que a chamássemos de um Espírito amigo.

Posteriormente, estando com Chico Xavier, em março de 1948, na sua residência em Pedro Leopoldo, após dormir na sua casa abençoada, perguntei-lhe pela manhã quem era o meu guia espiritual. Há uma curiosidade em todos nós a esse respeito. Chico Xavier, bondoso e nobre, sorriu e disse que não conseguia identificar os contornos, mas se tratava de um ser nobre, que ele pensava haver sido mulher em uma das suas últimas reencarnações.

Por ocasião do sesquicentenário da independência do Brasil, esse Espírito amigo revelou-me que havia sido a reencarnação da Abadessa Joana Angélica de Jesus,[30] mais tarde cognominada como mártir da independência da Bahia.

Posteriormente, quando eu me encontrava na cidade do México, em 1969, proferindo uma conferência na *Gran Logia Mazonica Valle Del México*, ela apareceu-me e sugeriu-me visitar um lugarejo cha-

[30] Sóror Joana Angélica de Jesus (1761–1822), religiosa concepcionista baiana, nascida no Brasil colônia, que morreu defendendo o Convento da Lapa em Salvador (Bahia) contra soldados portugueses. Disponível em: <http://pt.wikipedia.org/wiki/Joana_Ang%C3%A9lica>. Acesso em: 2 jun. 2010.

mado *San Miguel Neplanta*, que fica entre a cidade do México e Cuernavaca, informando-me que havíamos vivido ali. Através de amigos identifiquei o local, e um engenheiro de petróleos me levou no domingo seguinte até lá. Só então, fiquei sabendo que havia nascido ali uma mulher muito nobre, que se imortalizou com o nome de Sóror Juana Inês de La Cruz[31]. Mas o seu nome civil era outro: Juana de Asbaje, filha de uma mexicana com um nobre espanhol. Juana Inês de La Cruz foi considerada a primeira mulher feminista das Américas, era chamada a monja da biblioteca, pois já no seu tempo, no século XVIII, ela possuía aproximadamente 5.000 volumes, criando, sem o desejar, um problema cultural entre a Ordem e ela própria. Perseguida pela abadessa, viu-se constrangida a abdicar da biblioteca e, com o seu sangue, firmou o seu testamento doando a biblioteca ao monastério, renunciando a tudo e indo cuidar dos pestosos, quando desencarnou contaminada pela epidemia. Essas informações e outras foram-me chegando ao largo do tempo.

[31] **Sóror Juana Inés de La Cruz** ou, simplesmente, **Sóror Juana**, religiosa católica, poetisa e dramaturga nova-espanhola (pelo que se a considere mexicana, também se pode tomá-la como espanhola), nascida em data incerta (estima-se que foi entre 1648 e 1651), em San Miguel Nepantla, perto de Amecameca e falecida na Cidade do México em 1695. Foi a última dos grandes escritores do Século de Ouro. Disponível em: <http://pt.wikipedia.org/wiki/Juana_In%C3%A9s_de_la_Cruz>. Acesso em: 2 jun. 2010.

JOANNA DE ÂNGELIS HOJE

12. Como é o seu relacionamento com ela nos dias de hoje?

D. F.: É um relacionamento íntimo, com muito respeito. Generosa e amiga, sempre que possível está comigo, principalmente nas atividades espirituais, inspirando-me, conduzindo-me, a fim de que eu erre menos em face de uma vida de muitas viagens para divulgar o Espiritismo. Sempre terminadas as atividades fora do Brasil ou em outras cidades do nosso país, ela aparece-me e apresenta-me Espíritos locais que são convidados para psicografar e, graças a esse comportamento, tem-me sido possível não interromper o trabalho da escrita mediúnica.

Ela é sempre a responsável pela administração geral dos fenômenos mediúnicos que por mim ocorrem. Muitas vezes apresento-lhe dúvidas, formulo questões, pedindo-lhe esclarecimentos e sou generosamente atendido. Digamos que é uma mãe generosa, amiga e austera, não me permitindo uma intimidade que pudesse descer ao nível de um relacionamento vulgar.

ANJO DA GUARDA E OBSESSÃO

13. Qual a missão do nosso anjo da guarda diante de uma obsessão?

D. F.: A de um educador. Ele fica ao lado, procura que a nossa mente abra espaço para ele nos inspirar, sendo o amigo cuidadoso, nunca, porém, o fiscal que nos guarda. Às vezes desejamos que o nosso guia espiritual faça a nossa tarefa, o que não é possível, pois que a sua missão é esclarecer-nos e auxiliar-nos a resgatar os nossos erros.

O que podemos fazer para tê-lo mais perto? Sintonizar com o seu pensamento, porque ele sempre está em sintonia conosco. Certo dia contou-me Chico Xavier uma sua experiência pessoal. Ele estava passando por um grave problema moral, e então perguntou a Emmanuel: "O senhor não diz nada!" E o nobre mentor respondeu-lhe, interrogando: "Como?" E ele se referiu: "O meu problema!" O benfeitor, sereno, esclareceu-o: "Mas eu já venho dizendo-lhe como se comportar há muito tempo. Chico, havia um homem que era muito querido e aquele que o protegia deu-lhe um chapéu de chuva, depois ofereceu-lhe uma capa de chuva, mais tarde doou-lhe uma bota de borracha para a chuva, por fim, deu-lhe um guarda-chuva. É claro que ele estava lhe dizendo que ia chover.

Quando veio a chuva, o homem gritou: 'O que faço?' E o amigo respondeu-lhe: 'Use tudo o que eu lhe dei.'

Eu venho escrevendo por seu intermédio há muito tempo, avisando-o a respeito de acontecimentos desastrosos, agora que chegou um deles, use tudo quanto lhe ofereci. Ou você deseja que eu lhe tire a provação? Se eu o fizesse, como é que você iria evoluir?"

Também, oportunamente, quando eu experimentei muitos desafios, eu disse a Joanna de Ângelis: "A senhora escreve a todo mundo por meu intermédio, dá conselhos comovedores, e, no entanto, eu estou sofrendo e a senhora não diz nada! Quem já viu algo assim?" Ela sorriu, melancólica, e respondeu-me, perguntando-me: "Meu filho! Nunca lhe disse nada?" Ao que eu respondi: "Não, senhora. Depois de tantos anos de mediunidade escrevente, não tenho uma página que a senhora haja dirigido a mim".

Ela, muito serena, redarguiu: "Algum de nós está equivocado, senão vejamos: tome o livro Messe de Amor ou um outro qualquer da nossa lavra". Eu fui à estante e retirei um deles.

Ela propôs-me: "Leia uma página qualquer". E eu li, tu fazes, tu sabes, tu necessitas.

No silêncio natural que se fez, ela esclareceu com doçura: "Vê o pronome que uso: tu! Tu publicas para os outros porque queres, mas eu estou dizendo tudo isso para ti".

E remontou a Allan Kardec quando esclarece que os médiuns devem aceitar primeiro para si as mensagens de que são objeto antes que para os outros. Nunca mais me deixei enganar nessa questão! Quando começa a chover, já abri o guarda-chuva.

Então, estamos diante exatamente da ajuda do anjo da guarda que não tem a tarefa de diminuir-nos ou impedir-nos as dores abençoadas que nos ajudam no processo da evolução.

Um amigo, que é excelente médium, disse-me: "Divaldo, quando eu estou com problemas, eu não peço ajuda aos guias espirituais, porque eles adoram que a gente sofra... (Risos)"

Eu retorno a Chico Xavier. Nos anos quarenta, ele estava muito doente, sofria de uma problemática infecciosa do aparelho respiratório, e um dia ele pensou que iria morrer, não podia resistir àquilo. Sentou-se à porta da cozinha da casa que dava para o quintal da sua irmã Luiza e começou a orar, preparando-se para a morte. Nesse momento, apareceu-lhe Emmanuel e perguntou-lhe: "O que tens?" "Estou morrendo" – respondeu – "se eu morrer, o senhor me recebe?" "Não posso, porque tenho um compromisso urgente" – contestou. E foi embora.

Ele sentiu-se mais aflito. Nesse ínterim, apareceu-lhe o Espírito Scheilla, que lhe fez a mesma pergunta, e ele respondeu: "Estou morrendo... se eu desencarnar agora você me recebe?" "Não posso, Chico" – redarguiu-lhe a amiga espiritual – "porque eu estou com um compromisso com Emmanuel". Ele ficou desanimado, quando surgiu o doutor Bezerra de Menezes, que lhe indagou: "Chico, o que se passa?" Ele desabafou: "Doutor Bezerra, por um acaso o senhor tem algum remédio para esta besta?" O benfeitor, gentil, respondeu com bom humor: "Chico, eu não fui veterinário na Terra, mas vou ver o que eu posso fazer!"

... E ele viveu apenas mais sessenta anos.

DIALOGAR COM O ANJO DA GUARDA

14. O que você poderia falar para pessoas que querem estabelecer um diálogo com seu anjo protetor?

D. F.: Eu diria que faça uma viagem interior, que procure silenciar, aquietar a mente. No momento em que aquietar a mente, em uma penumbra, num lugar tranquilo, abra-se à oração, não é necessário ter uma fórmula, porque orar é abrir a alma a Deus e falar-Lhe na condição de um filho que necessita da proteção de seu pai. Nesse silêncio interior que se estabelece, sempre chega a inspiração. Invariavelmente, no começo é um monólogo, é uma voz que vem monocórdia, repetitiva, e vai chegando à nossa mente. Logo depois, somos impelidos a fazer perguntas e estabelece-se um diálogo.

Todos nós podemos entrar em contato com os bons Espíritos, desde que nos predisponhamos a isso, pois que com aqueles menos bons isso se dá naturalmente, face à nossa conduta nem sempre elevada. Mas os Espíritos bons, sábios, os guias espirituais, exigem um estado de paz interior, de equilíbrio emocional, para poder se estabelecer realmente a comunicação que todos podemos lograr.

MORTES COLETIVAS

PROPÓSITO DE DEUS NAS MORTES COLETIVAS

1. Periodicamente a humanidade é surpreendida com acontecimentos que causam a morte de muitas pessoas, algumas decorrem de eventos da natureza como tsunamis, terremotos ou desabamento de terra, outras já decorrem da ação do homem, como o acidente de avião. Recentemente, nós tivemos, em São Paulo, um acidente muito grave em que um avião da TAM se chocou com um prédio. Qual o propósito da divindade nessas mortes coletivas?

Divaldo Franco: O egrégio codificador da Doutrina Espírita Allan Kardec, em *O Livro dos Espíritos*, na sua terceira parte, a *Lei de destruição*, faz uma análise dessas tragédias coletivas e interroga aos benfeitores da humanidade o que pretende a divindade com essas desencarnações coletivas. E, para surpresa de Allan Kardec e nossa, os benfeitores disseram que era para fazer a sociedade progredir. O comentário é vasto, e nessa mesma questão o codificador pergunta se não teria a divindade outros recursos para promover o progresso dessas pessoas. Os espíritos informaram que sim, e isso acontece através de fenômenos naturais, como epidemias, insucessos de vária ordem, fenômenos sísmicos e outros. Então, Allan Kardec volve à questão, indagando que, se num caso desses, muitos inocentes não seriam vítimas dos infelizes acontecimentos. Os benfeitores espirituais assinalam que não, porque dentro do código das soberanas leis, somente nos acontece aquilo de que temos necessidade para evoluir. A Lei de causa e efeito estabelece os parâmetros não somente dos resgates coletivos como também das técnicas que induzem os indivíduos a esses resgates calamitosos.

Observamos, por exemplo, que nos acidentes aéreos pessoas chegam num momento e resolvem mudar a viagem, desenvolvendo um esforço tremendo, enquanto outros lutam para poder ser incluídos naquele voo e, como resultado, padecem essas consequências que estão dentro da sua programação evolutiva. É sempre providencial, portanto, que se mantenha a confiança em Deus, quando acontece algo lamentável e doloroso, como este que estamos examinando, especialmente os familiares, que ficam embrulhados nos mantos sombrios da saudade, e talvez também para alguns desencarnados, porque, surpreendidos de maneira inesperada, experimentam grande choque ao despertar no além, considerando que todas essas ocorrências estão dentro dos códigos da Soberana Justiça.

CORRELAÇÃO COM AS REENCARNAÇÕES ANTERIORES

2. Então, podemos dizer que existe uma correlação desses acidentes com as reencarnações anteriores das vítimas?

D. F.: Sem dúvida. Há uma vinculação, inclusive, entre os indivíduos que são vítimas. Imaginemos como eram as guerras do passado, como são algumas calamidades do presente, quando há conciliábulos de pessoas que estão vinculadas pelos mesmos interesses sórdidos em prejudicar a comunidade, através de fenômenos perturbadores e destrutivos. Essa ligação irá ressurgir quando reencarnarem e serão atraídos pela lei das afinidades para que estejam no mesmo local, a fim de coletivamente resgatarem o delito.

FAMILIARES E A LEI DE CAUSA E EFEITO

3. E os familiares, eles se veem repentinamente afastados daqueles entes queridos. Eles também estão vinculados às leis de causa e efeito?

D. F.: Com certeza que sim. Imaginemos que em uma programação bélica sempre há aqueles que são os construtores intelectuais da calamidade, os programadores que ficam na retaguarda, de igual maneira, o mesmo ocorre em determinados problemas de natureza individual, sempre alguém interfere para que isso tenha lugar e fica às ocultas. Através das bênçãos da reencarnação, voltam a nascer dentro do impositivo biológico, para que haja uma afinidade característica, e, então, com a partida de um ou outro, que seriam talvez os mais responsáveis, a dor atinge também aqueles que foram os antigos programadores intelectuais. Sob qualquer ponto de vista, todos são dignos da nossa ternura, de compreensão e de preces, tantos os que viajaram para o Grande Lar, como os que ficaram na Terra dominados pelo sofrimento da saudade.

VÍTIMAS DE VÁRIAS IDADES

4. Nesses acidentes, temos vítimas que têm idade mínima e outras que já estão com a idade avançada. Também, nesses casos, existe a lei da causa e efeito?

D. F.: Sem dúvida, porque para nós que estudamos a Doutrina Espírita a idade biológica não é importante. É fundamental o fenômeno da transformação moral do espírito. O espírito, estando reencarnado num corpo juvenil, não implica que seja de primeiras experiências, tratando-se antes de um espírito velho sob o aspecto da sua idade evolutiva, não do aspecto biológico.

O corpo é novo, mas o espírito traz experiências, nesse caso, bastante difíceis, que deve ressarcir. Por consequência, nas calamidades coletivas, ele se liberta das imposições que geraram os seus conflitos e a sua agressão às leis divinas, libertando-se, por fim, o que é realmente importante.

PREPARATIVOS PELA ESPIRITUALIDADE SUPERIOR

5. Aprendemos que, para a espiritualidade superior, não existe improviso. Como é o atendimento, como é o preparativo dessa espiritualidade superior no caso desses eventos? Anteriormente e também depois que ocorre, tanto para os desencarnados como para os que ficam?

D. F.: Poderia parecer que os benfeitores programam a desencarnação coletiva. Não é exatamente assim. Quando as circunstâncias mesológicas favorecem o acidente, os benfeitores têm conhecimento anterior. Vamos imaginar a possibilidade de uma falha em qualquer um dos equipamentos, a possibilidade de equívoco humano, os fatores climatéricos, as circunstâncias geológicas como terremotos, maremotos, erupções vulcânicas, tsunamis, então uma lei de afinidades atrai os indivíduos àquele evento que ensejará a libertação dos crimes do passado em forma coletiva.

Ficou tristemente célebre no Brasil e no mundo o incêndio de um circo em Niterói, quando crianças, aos milhares, perderam a vida biológica e centenas de pais ficaram em grande desespero. Na ocasião, em uma página de incomparável beleza, o Espírito irmão X, pseudônimo de Humberto de Campos, através da mediunidade do venerando apóstolo Francisco Cândido Xavier, narrou o que teria sido a sua causa anterior, centrada numa ocorrência grave do tempo do cristianismo primitivo. Então a lei demorou aproximadamente dezenove, quase vinte séculos, para reunir os Espíritos delituosos e, num acontecimento fortuito, o toldo do circo foi levado às chamas e com um alto poder de combustão caiu sobre a multidão, sendo devorada pelas chamas.

A Divindade, portanto, permite que os fatores mesológicos, assim como os propiciatórios sejam previstos pelos mentores, que também contribuem para reunir todos esses seres que estão vinculados entre si, ocorrendo, desse modo, uma pré-programação.

Certo dia o Espírito Joanna de Ângelis disse-me: "O acaso, o improviso nas leis soberanas seria o resultado de um trabalho muito bem elaborado para dar certo naquele momento, que é o objetivo da programação". Mas esses espíritos, por outro lado, os que desencarnam, são recebidos por seus familiares no Além, por outras entidades amorosas, qual ocorria nos espetáculos do circo romano, nos períodos do cristianismo primitivo. Quando as feras dilaceravam as carnes e os Espíritos se libertavam, hosanas estavam cantando no ar, outros mártires que os haviam precedido recebiam-nos e os levavam às regiões felizes. Nas grandes dores, nas grandes tragédias, sempre está presente a misericórdia de Deus compensando as aflições de todos.

ATENDIMENTO NO PLANO ESPIRITUAL

6. Como essas mortes são coletivas, o atendimento no plano espiritual também é coletivo?

D. F.: Exatamente. Grande número de benfeitores amorosos se encarrega de atender aqueles que são as atuais vítimas no seu processo de libertação.

CONDIÇÃO DE CHEGADA NO PLANO ESPIRITUAL

7. Todos chegam na mesma condição no plano espiritual?

D. F.: Não necessariamente, porquanto estão em variados níveis intelecto-morais. No grupo, tanto existem pessoas de grande elevação, filhos e pais devotadíssimos, cônjuges, nubentes e parceiros feitos de ternura, como outros mais primitivos, agressivos, e cada qual desperta com o seu patrimônio em regiões equivalentes ao seu estágio evolutivo, embora todos recebam a mesma ajuda.

Imaginemos um acidente rodoviário em que um ônibus perde a direção, tomba no abismo e todos os passageiros são feridos. Todos são atendidos, mas cada qual recebe o tratamento conforme o estado de gravidade e conforme também a receptividade que tenha para o atendimento médico-hospitalar. No mundo espiritual também, sem dúvida, um bom número se perturba, porque não está preparado para a grande viagem. O codificador, ainda em *O Livro dos Espíritos*, interrogou sobre isso: "Que sucede com aqueles que têm morte violenta, homicídios, suicídios, tragédias deste ou de outro porte?" Os benfeitores contestaram: "Perturbam-se, e essa perturbação pode ser de dias, meses e até anos".

Que sucede se eu adormeço aqui e desperto em um país estranho? Estranho porque mentalmente eu não estou localizado nele, embora no meu inconsciente haja registros de alguma vez haver ali estado. Há um choque emocional muito grande, logo a seguir, as lembranças dos seres queridos que ficaram na Terra, depois, o recordar dos projetos em elaboração e, por fim, o desespero pelo não feito, pelo desejo do que gostaria de fazer. Eis por que vale a pena estarmos preparados, como se cada momento fosse o último da nossa experiência carnal, embora sabendo que todos são sempre beneficiados, cada qual, porém, dentro do seu nível de evolução.

DOR NA HORA DA MORTE

8. Essa resposta que você nos deu, remete-nos à dor na hora da desencarnação. Cada um vai ter a desencarnação de acordo com a sua evolução?

D. F.: No caso em tela, segundo me é dado perceber e me informam alguns Espíritos, em que o avião estaria a mais de 150 quilômetros de velocidade por hora, no momento do choque, há a ruptura das veias, das artérias, deslocamento e rompimento de muitos órgãos. O impacto atira todas as cadeiras para a frente e há um esmagamento relativamente coletivo antes de as labaredas tomarem conta do cenário. Nesse impacto, quase sempre ocorre a desencarnação, e não sentem a asfixia pela fumaça, a combustão dos corpos.

No caso de incêndios em que os gases tóxicos, a fumaça vão asfixiando, aí existe a dor, a angústia, a aflição, que também fazem parte desse fenômeno do processo evolutivo. Cada desencarnação é específica. Nas mortes coletivas, como no caso do *tsunami*, naquele momento de horror, o impacto é tão grande que o Espírito desliga-se do corpo, experimentando, naturalmente, logo depois, a desencarnação, após a morte biológica, mediante a parada cardíaca, a morte do tronco cerebral. A seguir ocorre a desvinculação dos liames materiais, que pode demorar de acordo com os méritos de cada qual.

FORMAÇÃO DO GRUPO QUE IRÁ MORRER

9. Há narração de pessoas que não estavam presentes no momento do acidente e deveriam estar lá, enquanto outras que não deveriam estar, ali se encontravam e acabaram desencarnando.

Temos exemplos de pessoas que acabaram fazendo horas extras naquele dia e desencarnaram. Não existe coincidência nesse caso?

D. F.: Exatamente, não existe coincidência. Essas pessoas vieram substituir outras que estavam inscritas para o *check in*[32] e, como não faziam parte daquele grupo, o que seria fatal, pois não deveria haver sobreviventes, então cederam lugar a quem estava vinculado aos infratores.

Quando digo infrator, não há caráter pejorativo, trata-se de pessoas comprometidas negativamente com as leis cósmicas. E quem, dentre nós, se encontra isento de responsabilidade, quem entre nós não haja cometido determinados delitos, não apenas hoje, mas em existências transatas? Desta forma, no peso de valores, aqueles que não estavam incursos no retorno de alguma forma perderam o voo, preferiram trocar por outro, enquanto os que estavam em sintonia tomaram os lugares e desencarnaram dentro do projeto da lei.

[32] Procedimento de apresentação de bilhete de viagem pelo passageiro e de emissão de cartão de embarque, em aeroporto.

MENSAGEM PARA OS FAMILIARES

10. Não temos como mensurar a dor dos familiares, daquelas pessoas que tiveram parentes que desencarnaram nessas tragédias. O que poderia dizer para confortá-las?

D. F.: Sigmund Freud, o notável pai da psicanálise, escreveu que a morte é uma dilaceração dos sentimentos, e o espírito Joanna de Ângelis diz-me que, quando a morte arrebata um ser querido, leva também metade daquele que ficou na retaguarda. Muitas vezes, o desencarnado recupera-se com relativa facilidade, mas aquele que ficou com a existência ceifada pela sua ausência experimenta uma dor inominável.

Eu lhes diria que se recordassem de Jesus descido da Cruz e da dor de Maria contemplando o filho inerme, mas se recordassem também que, logo depois de três dias transcorridos, veio a ressurreição. Os nossos mortos vivem. A saudade do corpo, da convivência, será longa, mas passados esses dias de impacto pior, penso, a dor será mais profunda, porque será aquele espinho cravado na saudade, no sentimento. Então, eu diria como um psiquiatra materialista informou-me oportunamente. Disse-me ele:

"Eu não creio na imortalidade da alma. Quando um paciente vem ao meu consultório e fala da perda de alguém pela morte, eu lhe pergunto quanto tempo viveu com o ser querido. E ele me responde: 'X anos'. 'Então recorde-se' – digo-lhe, por minha vez – 'desse largo período de convivência com ele e não lamente a interrupção, evoque as horas felizes e olvide por momento a hora da tragédia'".

Desse modo, direi a esses pais, a esses filhos, a esses afetos, a todos aqueles que estão vinculados aos que viajaram para o Grande Lar, que logo mais, no momento adequado, quando o fenômeno biológico de cada um de nós interromper-se através da morte, haverá o reencontro. Que se programem para esse momento feliz, evocando as horas vividas juntos, fazendo todo o bem possível em memória deles, em vez de os evocar no momento trágico da desesperação, recordando-se, isto sim, da convivência ditosa que foi mantida.

MORTES PREMATURAS

MOTIVO DAS MORTES PREMATURAS

1. O ciclo natural da vida é que os pais morram antes dos filhos. Quando se dá o inverso e os filhos morrem primeiro, existe muita dor, muito sofrimento, tanto para os pais como para os demais familiares. Nesse contexto, qual é a razão de crianças, em tão tenra idade, desenvolverem doenças graves como a Aids e o câncer?

Divaldo Franco: Allan Kardec, em *O Livro dos Espíritos*, faz uma bela abordagem sobre as mortes prematuras. Essas desencarnações prematuras estão dentro da ficha evolutiva, não somente daqueles que devem retornar, que vêm à Terra apressadamente para cumprir um período que lhes ficou faltando em experiências anteriores, como também para propiciar àqueles que os amam a oportunidade da reflexão.

A vida, examinada do plano físico para o mundo espiritual, é feita de incógnitas, mas no sentido inverso, do plano espiritual para o físico, é muito diferente. Sem dúvida, a morte sob qualquer aspecto considerado, é uma grande ceifadora de alegria. Freud assevera, no seu notável livro *Melancolia*, quando estuda o capítulo sobre o luto, que a morte é tão perversa que o indivíduo passa por um período de abatimento, de quase depressão, que dura invariavelmente até quatro semanas, no entanto, quando por acaso prolonga-se por mais tempo, transforma-se em um transtorno depressivo.

Do ponto de vista espírita, é uma provação. Provação para os pais, não para a criança. O Espírito no corpo infantil liberta-se, e, ao libertar-se do antigo débito, prossegue em evolução, em melhores condições. No entanto, para quem fica, a dor, a frustração constituem testemunhos muito sérios, que devem levar a profundas reflexões a respeito dos nossos limites e da imortalidade, da sabedoria de Deus.

Nessa provação, que muitas vezes tem o caráter expiatório, porque os genitores não conseguem superá-la com facilidade, o indivíduo deve voltar-se para os porquês e buscar em Deus a única solução, aliviando a dor com a certeza do reencontro no futuro.

Cumprida a provação, o Espírito retorna para continuar o processo da afetividade, renascendo no mesmo reduto doméstico ou através de outros corpos e acercando-se do antigo lar, prolongando a convivência, que momentaneamente ficou interrompida.

MORTES TRÁGICAS

2. Uma criança que morre de forma trágica nasce predestinada a morrer daquela forma?

D. F.: Não. Não há uma destinação para o fatalismo negativo. Uma criança que é vítima de situações deploráveis, pela imprudência ou perversidade, pela alucinação humana ou pelos fatores hoje existentes na Terra, não estava programada para morrer dessa forma, porque essa fatalidade anularia a lei do livre-arbítrio. Desencarnar é uma fatalidade, mas isso ocorrerá de maneira compatível com o mérito ou débito que traga de existências passadas. Se é um débito muito forte, as circunstâncias naturalmente se apresentarão dolorosas, lamentáveis e chocantes, se é de menor importância, a sua desencarnação será suave e sem traumas.

Soubemos recentemente de uma desencarnação terrível, a de uma criança que foi arrastada quarteirões seguidos por jovens alucinados. Ela não necessitava daquilo para evoluir, pois que, ao primeiro impacto da queda, ocorre a concussão cerebral e, portanto, o Espírito já não experimenta nenhuma sensação de dor, sendo trágico o fato pelos efeitos que defluem, por atentar contra tudo que é nobre, digno do estágio de civilização e ética que já existe em nós.

Esse traumatismo craniano bloqueia de imediato a sensibilidade, como nos acidentes aéreos e outros. Ao primeiro impacto, os nossos nervos, melhor dizendo, as nossas artérias e os vasos explodem em razão da alta velocidade e, então, a morte é imediata, impedindo que os Espíritos sofram.

O sofrimento advém pelo apego à matéria, em razão da sensualidade, porque cada qual desencarna conforme se encontra moralmente. Os sensualistas, do ponto de vista geral, os gozadores dos prazeres, das comodidades, apegam-se aos despojos e não se conformam em abandoná-los, experimentando as dores morais, que não pertencem ao gênero de morte, mas à própria condição espiritual.

RETORNO DA CRIANÇA AO MUNDO ESPIRITUAL

3. Quando a criança chega ao mundo espiritual o que acontece?

D. F.: É recebida carinhosamente, seja por acidente ou pelo fenômeno natural das mortes convencionais. Espíritos generosos que lhe programaram a reencarnação recebem-na e a conduzem a verdadeiros educandários, por falta de uma outra palavra, que são colônias onde se vão desenvolvendo, como se estivessem na Terra. Naquela primeira fase, permanece com as características da idade em que desencarnou, experimentando, com o tempo, as alterações como se estivesse no invólucro físico. Quando os pais desencarnam, não irão reencontrar, por exemplo, um adulto, porque o Espírito se apresentará com a idade em que desencarnou. A alegria desse momento renova os genitores saudosos e, com o tempo, assumem as características típicas da sua evolução.

BULIMIA E ANOREXIA

4. Por que existem hoje tantas crianças e jovens com bulimia e anorexia?

D. F.: São reminiscências de reencarnações passadas. Conversando com Chico Xavier, no período em que a família de uma jovem, Ann Quinllan,[33]

[33] Karen Ann Quinlan (1954–1985). Quando ela tinha 21 anos, ficou inconsciente depois de voltar de uma festa. Ela tinha consumido diazepam, dextropropoxifeno e álcool. Depois que entrou em colapso e parou de respirar, por duas vezes durante 15 minutos ou mais, os paramédicos levaram Karen Ann para o hospital, onde ela ficou em um estado vegetativo persistente. Ela foi mantida viva por vários meses sem melhora, os pais dela solicitaram a interrupção de cuidados hospitalares ativos para permitir que ela morresse. O tribunal decidiu a favor de seus pais. Embora Quinlan fosse removida da sustentação ativa da vida durante 1976, viveu em coma por quase uma década até sua morte

residente no Estado de *New Jersey* nos Estados Unidos, conseguiu desligar os aparelhos que a mantinham em vida vegetativa, falávamos a respeito do prosseguimento da vida orgânica, porquanto se encontrava com morte cerebral fazia oito anos, sobrevivendo ainda dois anos sem nenhuma ajuda artificial. Percebendo minha estranheza, o amigo esclareceu-me: "Divaldo, eu interroguei a Emmanuel sobre isso, porque também a mim me causou surpresa a continuidade da sua existência, ao que ele, bondosamente, respondeu-me que ela era uma ex-viciada, desde a existência anterior e reencarnou-se trazendo o vício, que infelizmente não soube vencer, sendo vítima da *overdose* que a martirizou, ajudando-a no resgate do grave drama".

Muitas vezes, essas crianças que trazem hoje o transtorno depressivo bipolar, a bulimia e outros fenômenos perturbadores estão conduzindo as heranças do uso indevido dos recursos orgânicos e reencarnam em grande sofreguidão, repetindo as experiências infelizes para as superar, o que nem sempre conseguem. O transtorno se apresenta como verdadeira compulsão, exigindo dos pais e dos educadores altas doses de amor e cuidados terapêuticos para a sua recuperação.

de pneumonia em 1985. Disponível em <http://en.wikipedia.org/wiki/Karen_Ann_Quinlan>. Acesso em: 9 ag. 2010.

JOVENS SUICIDAS

5. Por que muitos jovens recorrem ao suicídio?

D. F.: Porque nós vivemos numa sociedade paradoxal, imediatista, em que os valores éticos são controvertidos. O indivíduo triunfante nem sempre logra o êxito através dos valores morais que são celebrizados pela tradição filosófica.

É o momento em que o sexo transformou-se em um objeto de promoção social, humana e econômica. Os padrões de comportamento são atingir a fama a qualquer preço, e, quando a criança ou o adolescente percebe que não vai conseguir, a vida para ele perde o sentido.

Famílias desestruturadas, porque os pais brigam por qualquer coisa, num total desrespeito aos filhos em formação emocional e moral, são os exemplos típicos desses fenômenos. Infelizmente, a educação é muito conflitiva no ninho doméstico, não havendo o respeito aos valores morais, conforme se refere Allan Kardec, em *O Livro dos Espíritos*, elucidando que não se trata da educação conseguida apenas pelos livros, mas pelos hábitos morais que se infundem através da própria conduta na intimidade do lar. Como consequência, há uma desestruturação infantil, gerando insegurança, pois que o mundo é muito agressivo para a mente em formação, a violência toma conta de todos os arraiais da sociedade, e aqueles que são emocionalmente frágeis, por herança das existências passadas, parecem sentir uma imensa e inexplicável saudade do mundo espiritual, embarcando nessa terrível tragédia do suicídio, atirando-se ao abismo sem fundo.

PAIS DE JOVEM SUICIDA

6. E o que os pais podem fazer para ajudar esse suicida?

D. F.: Vigiar, durante a vida infantil, dando mais amor. Os pais modernos preocupam-se em oferecer coisas, em vez da presença, fugindo do lar sob o pretexto de ganhar mais dinheiro para oferecer comodidades dispensáveis, e o amor que deveria ser essencial passa a ser oferecido por meio de funcionários remunerados. Com o tempo, esses pais transformam-se em fornecedores, quase desconhecidos pelos filhos, que não os amam, porque não são amados por eles. Ideal seria que déssemos menos coisas e nos déssemos muito mais, no entanto, o nosso egoísmo não nos permite isso.

A criança, sentindo-se desamada, porque não bastam as palavras que diga o pai ou a mãe, mas sim a sua vibração de carinho, que é captada, torna-se rebelde, frustrada. Com muitas coisas, porém sem a essencial, foge da realidade e atira-se nos conflitos, porque não dispõe de afetos para compartir as preocupações, os medos, as incertezas.

Depois de consumado o suicídio, os pais devem orar, sem ressentimento, envolvendo em ternura o ser amado, e rogando a Deus a Sua misericórdia e amor. As ações de benemerência em favor dos desencarnados queridos são-lhes valiosos contributos para se sentirem felizes.

PAIS QUE PERCEBEM TENDÊNCIA SUICIDA

7. O que os pais devem fazer quando percebem a tendência suicida no filho?

D. F.: De imediato levá-lo a um especialista, cercá-lo de carinho, oferecendo-lhe segurança emocional, despertando-lhe confiança, a fim de que possa expor o conflito que o aturde.

Tratando-se de tristeza, é até mesmo um fenômeno saudável, quando de breve duração, mas, quando se prolonga, transforma-se numa forma de melancolia, e essa melancolia pode dar um salto para um surto depressivo e o indivíduo tentar fugir pelo suicídio, porque a vida não lhe tem nenhum sentido. Aos primeiros sinais, portanto, como a insônia, o sono interrompido durante a noite, os pesadelos fortes, a tristeza periódica, o desinteresse pelos estudos, pela higiene, são sintomas que denotam a instalação do transtorno depressivo, que pode conduzir à fuga terrível pelo suicídio. Vale, portanto, a pena levá-lo ao especialista na área da psicologia, da psiquiatria, mas também a uma instituição espírita para que seja beneficiado pelos recursos psicoterapêuticos que a doutrina coloca ao alcance de todos quantos os desejem, tais como: os passes, a água magnetizada, a oração, a desobsessão, porque, invariavelmente, há influências espirituais, mesmo na idade infantil e juvenil que nos parece tão risonha. Devemos repetir sempre que o Espírito reencarnado nesse período traz comprometimentos e os seus adversários vigiam-no, perseguem-no. Por meio dessas providências preventivas, poderemos evitar as tragédias do cotidiano.

GESTAÇÃO QUE NÃO CHEGA AO FIM

8. No Brasil, segundo dados da Unicef, 3,3% das crianças nascidas morrerão antes de chegar aos cinco anos de idade. Quais seriam os propósitos de Deus ao encaminhar à Terra espíritos que viverão tão poucos anos, ou então a gestação que não chegará ao fim?

D. F.: Esses fenômenos são problemas decorrentes de reencarnações transatas. Esses espíritos, alguns ainda em fase primária do desenvolvimento, na hora da grande transição, têm a sua chance de resgatar os seus débitos, através de enfermidades degenerativas, de dificuldades ambientais, socioeconômicas, assim como dos efeitos doentios das injustiças sociais que vigem no planeta, ou fatores outros que nos escapam, vivendo apenas breve período de tempo, ou mesmo não logrando o renascimento.

Quando alcançarmos o elevado nível da verdadeira fraternidade e procurarmos contribuir para o bem geral, naturalmente essa incidência diminuirá muito. Mas mesmo desencarnando jovens, crianças, recém-nascidos e aqueles cuja gestação não se completa estão enquadrados no programa propiciatório do progresso, porque a dor que experimentam com a frustração, e aos pais martiriza, transforma-se em lenitivo para a evolução, uma vez que o sofrimento não tem somente o caráter punitivo, mas também o de reeducação moral.

Em uma bela mensagem, que se encontra em *O Evangelho Segundo o Espiritismo*, uma veneranda entidade canta: "Ó dor bendita", porque através dela despertamos para reflexões profundas, tendo em vista que a vida terrestre é cheia de imagens ilusórias e tudo sucede com muita rapidez e fugacidade, quase com ausência de tempo para reflexionar. A dor, então, convoca-nos à meditação e à valorização da existência física.

VÍTIMAS DA VIOLÊNCIA

9. Tem sido comum os jornais apresentarem notícias como o caso do João Hélio, que foi arrastado pelas ruas do Rio, preso no cinto de segurança e da adolescente Eloá, que foi assassinada pelo seu ex-namorado. Como refletir à luz do Espiritismo esses casos?

D. F.: Constatamos que, infelizmente, ainda é muito primária e imediatista a cultura terrestre. Quando Allan Kardec asseverou que a Terra é um planeta inferior, explicou que assim o era porque os espíritos que a habitam ainda são inferiores.

Isso naturalmente não justifica, mas esclarece que, nesse caldeirão de paixões, muitas vezes espíritos nobres permitem-se o sofrimento, para servirem de exemplo para outros, como no caso da criança referida, que a todos comoveu, tornando-se um verdadeiro mártir de mentes desarvoradas, assim concluindo uma etapa muito dolorosa e deixando uma lição profunda de amor.

No mais recente, em Santo André, o da moça assassinada, constatamos o paradoxo que resulta da compaixão pela vítima e o ódio terrificante do criminoso, que, infelizmente, não passa de um psicopata infeliz, e que deveria ter recebido tratamento antes do hediondo crime, qual ocorre com outros tantos que se encontram em nosso meio. Bastava que se observasse também o comportamento da jovem que, aos doze anos, se enamora de um adulto, permitindo-se leviandades que culminaram no infausto acontecimento. Lamento muitíssimo o sofrimento da genitora da vítima, no entanto, permito-me pensar, também, na mãe do criminoso, que igualmente considero infeliz. A genitora da jovem, no auge da sua dor, teve um dos mais belos gestos humanitários, que foi doar os órgãos saudáveis da sua filhinha para salvar outras vidas. A morte, portanto, da menina, dela fez uma missionária do bem, adicionado à grandeza materna que perdoou o algoz de sua filha.

O Espiritismo explica que fenômenos lamentáveis dessa ordem são muito complexos numa análise em torno da reencarnação. A Divindade não necessita que tomemos a adaga da justiça para cobrar os erros do próximo, porque dispõe de mecanismos sublimes que proporcionam a reparação do mal praticado pelo infrator. Na sua alucinação, porém, o tresvariado preferiu ser o "justiceiro", tombando no abismo irremediável da própria loucura, que o levará a um processo longo de martírio e recuperação, enquanto a sua vítima tornou-se uma heroína do bem.

CAUSA DA MORTE DE CRIANÇAS E JOVENS NO BRASIL

10. No Brasil, uma pesquisa da Unicef revela que, das crianças e jovens entre 10 e 19 anos que morrem, 60% acabam tendo mortes trágicas, por acidentes, atropelamentos, homicídios. Como entender esse contexto nacional?

D. F.: Penso que, apesar da estatística alarmante sobre o Brasil, o problema é universal, digamos que é terrestre. Allan Kardec estudou a problemática nas leis morais de *O Livro dos Espíritos*, que são fascinantes. Trata-se do terceiro livro da Obra e são fundamentadas na lei de amor. Essa lei de amor foi desdobrada por Kardec em dez outras leis, dentre as quais a de destruição, explicando a ocorrência das calamidades sísmicas que assolam o planeta com frequência, assim como dos crimes hediondos, das guerras, de toda sorte de selvageria. Morrer é um fenômeno natural, biológico, e essas mortes coletivas angustiantes, assim como as individuais, convidam a sociedade a reflexões em torno do significado existencial.

No caso dessas mortes juvenis, conforme os dados estatísticos do IML, constatamos que as vítimas também se encontram incursas no grupo dos espíritos que estão tendo a sua chance, em razão do período de transição entre o *mundo de expiações e provas* e o de *regeneração*. Muitos espíritos que ainda se encontram no estágio do primarismo evolutivo, vêm reencarnando-se a fim de desfrutarem da chance de avançar com o progresso ou serem afastados do planeta para experiências em outro orbe momentaneamente inferior. Todos, portanto, temos o dever de cooperar em favor da Terra renovada, utilizando-nos dos valores do bem de toda espécie e amparando esses seres rebeldes e indolentes, aos quais as Soberanas Leis aplicam os corretivos compatíveis com as suas necessidades de evolução.

PAIS DAQUELES QUE COMETEM OS CRIMES

11. Quando ocorreu o acidente com o menino João Hélio, chamou a atenção uma entrevista concedida pela mãe de dois rapazes que estavam no carro que arrastou o menino. Ela disse: "Eu não criei monstros". Muitas pessoas se esquecem da dor dos pais daqueles que cometem os crimes. O que você poderia dizer a esse respeito?

D. F.: Que estes, sim, são as grandes vítimas, porquanto aquele que desencarna nessas circunstâncias recebe do Alto misericórdia e compaixão sendo amparado com infinita ternura, em sua condição de vítima. Em toda condição de vítima, quando não existem motivos atuais, vamos encontrá-los em existências pregressas e essa condição dá ao indivíduo oportunidade de sublimar-se. Quanto àqueles pais que ficam destroçados, estes estão experimentando também rudes provações, que irão contribuir para o seu aprimoramento moral e espiritual.

É necessário que pensemos, principalmente, tanto nos pais da vítima como nos dos algozes. Ninguém, exceto psicopatas, cria um filho para vê-lo na condição de um monstro, de destruidor de vidas. Essa mãe cujo filho foi um dos responsáveis por esse crime hediondo, que comoveu a todos quantos tomaram conhecimento, sofre ao ser apontada como sendo a genitora do infame. Provavelmente, ela daria tudo para que ele fosse um cidadão, no entanto, todo esse emaranhado nas leis das reencarnações faz parte do nosso projeto de vida.

Deveremos estar vigilantes desde os primórdios da vida infantil, trabalhando a educação moral dos filhos, porque eles não nos pertencem, conforme assevera Gibran Kalil Gibran[34] dizendo que os nossos filhos não são nossos filhos, são os filhos e as filhas da ânsia da vida por si mesma, na sua bela obra *O Profeta*.

Esses indivíduos que apresentam psicopatologias graves e têm tendências para os crimes hediondos revelam-se através de pequenos comportamentos na infância, quando matam pássaros, quando maltratam animais, quando perturbam gatos e cães, quando chutam as coisas, assim criando condições para os crimes hediondos.

Heine,[35] o grande poeta e filósofo alemão, deixou

[34] **Gibran Khalil Gibran** (1883–1931), também conhecido simplesmente como **Khalil Gibran**, de origem libanesa, foi ensaísta, filósofo, prosador, poeta, conferencista e pintor, cujos escritos, eivados de profunda e simples beleza e espiritualidade, alcançaram a admiração do público de todo o mundo. Disponível em: <http://pt.wikipedia.org/wiki/Khalil_Gibran>. Acesso em: 4 jun. 2010.

[35] **Christian Johann Heinrich Heine** (1797–1856), importante poeta romântico alemão, conhecido como "o último dos românticos." Boa parte de sua poesia lírica, especialmente a sua obra de juventude, foi musicada por vários compositores notáveis, como Robert Schumann, Franz Schubert, Felix Mendelssohn, Brahms, Hugo Wolf, Richard

escrita uma frase, que eu li num campo de concentração, afirmando: "Quando se queimam livros – que foi um dos primeiros atos de Hitler contra os judeus – logo mais se queimarão pessoas".

Quando notarmos essas manifestações inabituais na criança, deveremos trabalhar a sua educação, embora alguns psicólogos afirmem que a educação pouco pode fazer, porque a problemática é genética. Os hábitos adquiridos, porém, tornam-se diretrizes de vida, e eles são frutos da educação boa ou má que seja ministrada. Então, os pais, desde cedo, devem vigiar as tendências dos filhos e corrigir as perturbadoras e negativas com amor, não se tornando coniventes, quer por comodidade, quer por ignorância, ou para não criar problema no relacionamento com os descendentes. Desse modo, são necessários amor e disciplina.

Wagner e, já no século XX, por Hans Werner Henze e Lord Berners. Seus escritos geraram desconforto nas autoridades alemãs e Heine foi tido como subversivo, sofrendo com a censura. Em relação à censura sofrida, Heine proferiu uma de suas mais conhecidas citações: "Aqueles que queimam livros, acabam cedo ou tarde por queimar homens". De fato, entre os livros queimados pelos nazistas, em 1933, na *Opernplatz* (Praça da Ópera) de Berlim, estavam as obras de Heine. Disponível em: <http://pt.wikipedia.org/wiki/Heinrich_Heine>. Acesso em: 4 jun. 2010.

MORTE INDESEJADA

12. Por que a morte é tão indesejada?

D. F.: Porque a nossa cultura é ainda materialista, sempre pensamos no bem-viver, estamos preocupados em amealhar recursos para gozar, preocupados com a velhice, com a doença, mas não com a imortalidade.

Numa cultura espiritualista, realmente digna desse nome, a morte faz parte do cardápio da vida. Se, diariamente, nos preocuparmos que o momento chegará em que ela será a libertadora da vida, teremos outra atitude.

A notável psiquiatra suíça, naturalizada americana, doutora Elizabeth Kübbler Ross,[36] que criou a tanatologia, escreveu em um dos seus livros que a cultura americana é tão imediatista em torno da vida física que procura mascarar a morte, maquilando o desencarnado, utilizando de outros recursos, para poder ocultar ou diminuir o impacto da morte. Estudando longamente pacientes terminais, ela quebrou os tabus, demonstrando que a morte é o fim da

[36] **Elisabeth Kübbler-Ross, M.D.** (1926–2004), psiquiatra nascida na Suíça, autora do inovador livro *On Death and Dying*, em que ela primeiramente apresentou o agora conhecido Modelo de Kübler-Ross. Disponível em: <http://pt.wikipedia.org/wiki/Elisabeth_K%C3%BCbler_Ross>. Acesso em: 4 jun. 2010.

organização biológica, mas não o fim da vida. Graças à tanatologia, foram criadas equipes de pessoas para acompanhar o paciente terminal e para dar assistência à família, lucidamente dando outro significado à morte e ao morrer.

Quando nos recordamos de Jesus, aos 33 anos crucificado, mas falando de vida eterna e de ressurreição, conforme Ele nos veio demonstrar, alegramo-nos porque constatamos que o fantasma da morte se dilui. A grande megera, a morte, cede, então, lugar a uma alvorada de imortalidade, porque morrer é uma bênção, principalmente quando cumprimos com os nossos deveres, já que a matéria se decompõe, degenera e, por melhores que sejam os recursos da estética, das cirurgias e da medicina, em favor da sua preservação, chega o momento no qual o retorno é inevitável.

Em face dessa realidade, deveremos diariamente pensar na morte como São Francisco. Certo dia, quando capinava o jardim, frei Leão lhe perguntou: "Meu pai, se você soubesse que iria morrer hoje, o que você faria?" Suavemente ele respondeu: "Eu continuaria capinando o meu jardim".

MENSAGEM PARA OS PAIS

13. Qual a mensagem que você poderia dar para os pais que tiveram um filho morto e não se conformam com isso?

D. F.: Eu me recordo de uma lenda oriental muito oportuna.

Um grande mercador residia num oásis e fazia viagens periódicas, saindo de suas terras para outras regiões de onde trazia tecidos, jóias, perfumes e os vendia.

Com essas jornadas, conseguira amealhar expressiva e sólida fortuna.

Oportunamente, cansado das atividades a que se entregava, disse à mulher: "Tenho que fazer uma última viagem. Nosso filhinho tem três anos e eu não posso nem devo perder a sua infância vivendo fora do lar. Desse modo, resolvi que esta será minha última jornada. Cuida do nosso filho, que é o maior tesouro que temos".

Ato contínuo, chamou-a ao escritório e explicou-lhe: "Será uma viagem de apenas três luas". Aqui tens as escrituras e os contratos dos meus negócios, os documentos dos escravos, as jóias, e foi passando-lhe, naturalmente, cada um dos bens que possuía. Ao terminar, foi ver o filhinho e rogou-lhe: "Guarda-o, mesmo que com sacrifício, e, se for necessário vender tudo que temos, faze-o, mas salva o nosso sublime tesouro".

Ela prometeu que assim o faria.

Ele viajou, passaram-se as luas referidas, e, como era comum na tradição, antes de retornar, ele mandou um servo à frente, para anunciar a hora da sua chegada, a preparação do banquete, a recepção.

À hora aprazada, quando ele saltou do camelo, sua primeira inquirição foi: "E nosso tesouro?".

A mulher respondeu-lhe: "Tem calma, e logo depois eu te devolverei na ordem em que tu me deste tudo quanto me confiaste. Banha-te, recepcionemos os convidados, e, quando todos se forem, eu te prestarei contas".

Terminada a festa, a mulher levou-o ao escritório e explicou: "Aqui está o resultado da minha administração. Começo a prestar-te conta, apresentando-te os documentos que me deste, aumentados, pois que adquiri propriedades, comprei mais escravos, contratei servos, adquiri também muitas jóias".

"E o nosso tesouro?", interrompeu-a, ansioso.

"Será o último a apresentar-te, conforme me entregaste".

"Vamos ver o nosso filhinho. Antes, porém, gostaria de ouvir-te em razão de um drama que estou vivenciando e não sei como equacioná-lo. Na manhã em que viajaste, passou por aqui um venerando ancião e propôs-me: 'Mulher eu vou atravessar o deserto e tenho uma pérola como o mundo nunca viu. Queria confiar-te a minha gema, porque me inspiras confiança. Eu estou idoso, temo ser assaltado ou morrer e a jóia preciosa cair em mãos que não correspondem. Poderás guardá-la para mim?'

Respondi-lhe: 'Não, é um risco desnecessário, mas deixa-me vê-la'. Estava num estojo de veludo e, quando eu vi aquela gema pálida e brilhante, apaixonei-me e confirmei-lhe: 'Eu a guardarei com a minha própria vida'.

'Com uma condição mulher' – ele esclareceu – 'se eu sobreviver à travessia do deserto, virei buscá-la'.

'Então não a quero' – respondi-lhe. – 'Como irei correr o risco da minha vida para depois devolvê-la? Não me interessa'.

Ele respondeu-me: 'Bem, lamento. Então irei bater em outra porta'. Mas a cobiça me foi tão grande que eu aquiesci, afirmando: 'Eu assumo a responsabilidade pela sua guarda e esperarei a sua volta'.

Passaram-se essas luas e eu pensei que o ancião deveria ter morrido. Mas para meu desencanto hoje, pela alva, quando despertei para poder concluir a recepção, reapareceu-me o homem. Fiquei estarrecida porque já amava a pérola.

'Mulher, vim buscar a minha pérola' – disse-me, sorridente.

'Qual pérola?' – fingi não saber.

'A que eu te emprestei há algumas luas.'

'Não me recordo' – informei-o, com certo cinismo.

‘Como não te recordas, eu sei que tu estás mentindo.’

‘Senhor’ – redargui-lhe – ‘arrisquei a minha vida por nada!’

‘Eu reconheço o seu sacrifício, mas acertamos que, se eu vivesse, viria buscá-la, já que não lha dava’.

“A minha dúvida é a seguinte, marido: eu deveria ter devolvido a pérola ou deveria ter ficado com ela para mim?”

“Ora – respondeu-lhe o esposo – tu és uma mulher sensata, por mais que ames e que dês valor a essa pérola, ela não te pertence. O teu dever é devolvê-la”.

“Foi exatamente o que eu fiz, agora vem”.

Adentraram um quarto de mármore com as colunas recortadas em arabescos, foi aberto um véu imenso e sobre uma cama luxuosa a criança estava morta.

Quando o marido olhou em desespero, ela, embora chorando, esclareceu: “Pois é, nesta madrugada o venerando Pai do céu, dizendo-me que Alá desejava de volta a sua pérola, pediu-me que lha devolvesse. Eu discuti muito com ele, sendo vencida, porque ele não me oferecera, antes me emprestara o anjo que agora queria de volta. Não tive alternativa, senão devolvê-la, e, enquanto o fazia, ele confortou-me, explicando que ela fora adornada, tornando-se ainda mais bela”.

Esta é a lenda. Nossos filhos são empréstimos divinos, que os devolvamos bem melhores do que no momento em que os recebemos.

MEDIUNIDADE

MÉDIUM

1. O que é ser médium?

Divaldo Franco: Ser médium é possuir uma faculdade que permite o intercâmbio com os Espíritos. Essa faculdade é muito conhecida na história da humanidade desde épocas mui recuadas, nas quais recebeu diferentes denominações, desde profetismo até as referências como paranormalidade, mediunidade. É inerente a todas as criaturas humanas, radicando-se no organismo, conforme elucidação do Codificador do Espiritismo.

MEDIUNIDADE OSTENSIVA

2. Quando você diz que é inerente a todas as criaturas humanas, como explicar, por exemplo, que há pessoas, assim como você, que têm a possibilidade de ver e interagir com os Espíritos

e outras que não dispõem dessa possibilidade? Como é isso se todos nós somos médiuns?

D. F.: Quando Charles Richet[37] estabeleceu que alguns são mais bem dotados, Allan Kardec, muito antes dele, asseverou que os mais bem dotados são denominados como ostensivos, da mesma forma que na área da inteligência determinadas pessoas são mais bem aquinhoadas do que outras. O mesmo ocorre em relação à memória e a outras funções tanto físicas, como psíquicas e emocionais.

A mediunidade apresenta-se sob vários aspectos, desde os fenômenos dos sonhos, intuições, premonições, às manifestações mais expressivas da psicografia, da psicofonia, da psicopictografia, os efeitos físicos, etc. Como é natural, pessoas existem que são portadoras de mais amplos recursos nessas áreas, facilitando-lhes as comunicações espirituais.

[37] **Charles Robert Richet** (1850–1935), fisiologista francês, descobridor da soroterapia, criou a metapsíquica e recebeu o Nobel de Fisiologia ou Medicina de 1913, por trabalhos relativos à anafiloxia (reações alérgicas). Disponível em: <http://pt.wikipedia.org/wiki/Charles_Richet>. Acesso em: 4 jun. 2010.

COMO SABER SE ALGUÉM É MÉDIUM OU NÃO

3. Como uma pessoa pode saber se é ou não médium?

D. F.: Muito facilmente. Quando o indivíduo é portador de mediunidade, vivencia sonhos premonitórios, experimenta sensações muito peculiares, como, por exemplo, aquela de que está alguém ao seu lado, capta intuições, nas quais os fatos chegam-lhe à mente antes que aconteçam, ou participa de ocorrências mais consistentes, vendo, ouvindo, oferecendo ectoplasma[38] para os fenômenos de ordem física.

[38] **Ectoplasma** (do Grego *"ektós"*: por fora + *"plasma"*: molde ou substância), na acepção da parapsicologia, designa supostamente uma espécie de vapor esbranquiçado que sai do alegado Psíquico (médium), mais frequentemente pela boca, mas que pode sair por qualquer parte do corpo. É também supostamente sensível a determinados impulsos, se exterioriza a partir do corpo de determinados indivíduos com características especiais (Psíquico), permitindo a materialização de corpos humanos distintos daquele de onde saiu ou de membros, tais como mãos, rostos e bustos (ectocoloplasmia – formação de apenas partes ou membros do objeto ou coisa materializada). Disponível em: <http://pt.wikipedia.org/wiki/Ectoplasma_(parapsicologia)>. Acesso em: 4 jun. 2010.

DESENVOLVIMENTO DA MEDIUNIDADE

4. Quando você diz que a pessoa tem essa sensibilidade e ela recorre a uma casa espírita, normalmente recebe a orientação de desenvolver a sua mediunidade. É correto falar em desenvolver a mediunidade?

D. F.: Perfeitamente. À época de Allan Kardec, no século XIX, o verbo desenvolver foi muito bem aplicado, qual diríamos em relação à inteligência, à memória, às aptidões culturais e artísticas. Hoje, poderemos dizer também educar a faculdade, ampliando-lhe os recursos de captação e registro das ocorrências de forma que não perturbem o comportamento social e familiar do indivíduo.

O fenômeno é um tanto perturbador, quando a mediunidade desabrocha, dando lugar a vários campos de comunicação transpessoal, e, como somos viandantes de muitas etapas, através das reencarnações transatas, conduzimos em nosso cosmo interior adversários e Espíritos simpáticos que facilmente passam a comunicar-se conosco. Aqueles que são inimigos geram, em razão da sua ignorância, problemas e desafios para o médium, que necessita estar vigilante e lúcido para superar esses problemas normais no seu processo de evolução.

A casa espírita é o lugar ideal para orientar o indivíduo, a fim de que possa estudar-se, compreender as suas reações nervosas, educar essas manifestações inusitadas e abrir espaço para as comunicações mediúnicas dentro de padrões corretos.

PESSOA QUE VÊ ESPÍRITO ACOMPANHANDO UM COLEGA OU FAMILIAR

5. Uma pessoa que vê um Espírito com um colega ou com uma pessoa da família deve informar ou não?

D. F.: Quando se trata de comunicações ainda iniciantes, vale a pena manter o pudor, a discrição, nada informando, até quando, educando a mediunidade, as informações possam ser canalizadas com segurança. Quando se procede a atividades pueris, a informações corriqueiras, torna-se frívola essa pessoa, porque está difundindo aquilo de que não tem seguro conhecimento, chamando a atenção para si mesma, sem resultados positivos para os demais.

A mediunidade, disse Allan Kardec, é coisa séria e deve ser praticada *santamente*, cristãmente, por isso o Espiritismo, sendo uma ciência, orienta propondo valores éticos, a fim de torná-la digna.

ESPIRITISMO E MEDIUNIDADE

6. Alguns anos após o lançamento de **O Livro dos Espíritos,** ***Allan Kardec publicou*** **O Livro dos Médiuns** ***e outros, num total de cinco obras. Seguramente*** **O Livro dos Médiuns** ***é a obra mais completa sobre a mediunidade, desse modo seria um tratado sobre a mediunidade? Isso significa dizer que somente os espíritas são médiuns?***

D. F.: Não, de forma alguma. A mediunidade é inerente à criatura humana. Em todas as épocas existiram médiuns. Quando lemos, por exemplo, a obra *O Vedanta*, que seria uma bíblia dos indianos, nela encontramos a presença de fenômenos mediúnicos memoráveis. *O Livro Tibetano dos Mortos*, *O Livro dos Mortos*, dos egípcios, a *Bíblia*, estão refertos de fenômenos através de indivíduos que eram médiuns. A mediunidade, portanto, não é uma conquista do Espiritismo e que lhe pertença.

O Espiritismo estudou o fenômeno existente, um fenômeno paranormal, dando-lhe uma ética de comportamento, para evitar as perturbações, a fraude, a fim de nos precatarmos das mistificações e de outras perturbações nervosas, porque todos somos complexos eletrônicos regidos pela consciência, e é natural que em determinados momentos experimentemos a interferência dos Espíritos bons e maus. *O Livro dos Médiuns*, de Allan Kardec, é o mais completo tratado que existe em torno da mediunidade e das técnicas de educação, de estudo dos transtornos psíquicos, como a obsessão, a perda e a ausência da faculdade, etc.

COBRANÇA PELA MEDIUNIDADE

7. O filme Ghost, *o outro lado da vida fez um grande sucesso porque trata da vida além da morte e da comunicação com os Espíritos. No filme, a personagem que fazia a médium cobrava por um dom que ela sequer tinha. Ela desenvolveu esse dom depois e continuou cobrando. Você já psicografou 200 livros, vendeu mais de 8 milhões de exemplares, Chico Xavier psicografou 400 livros e somente* Nosso Lar *já vendeu mais de um milhão e quinhentos mil exemplares. Se vocês cobrassem por isso teriam ficado milionários. Quem é médium pode cobrar?*

D. F.: Pode, o indivíduo tem esse direito, no entanto, aprendemos com Jesus que tudo aquilo que recebemos de graça, de graça devemos dar. Allan

Kardec elegeu como bandeira da mediunidade a oferta daquilo que não nos pertence.

No meu caso e no caso do venerando apóstolo da mediunidade Francisco Cândido Xavier, assim como de muitos outros servidores de Jesus, reconhecemos que as informações procedem de entidades desencarnadas, não de nós, sem que nos permitamos lucrar com aquilo que não nos pertence. Por essa razão, não temos o direito de receber qualquer benefício, próximo ou remoto, dessa atividade que dignifica a criatura humana.

No caso em tópico, a respeito daquela médium, ela mesma reconhecia que na sua família havia ancestrais que eram portadores de mediunidade e também ela, depois que começou a farsa, momentaneamente, ao entrar em contato com os Espíritos, é dominada pelo medo e procura fugir, sem resultados positivos. Aqueles indivíduos que se utilizam da mediunidade, profissionalizando-se, embora com todo o respeito que nos merecem, estão lesando a consciência cósmica, embora possam fazê-lo.

O Espiritismo nos ensina que todo o labor dessa natureza deve ser realizado gratuitamente, porquanto é dessa forma que recebemos do Senhor.

AUTENTICIDADE DAS MENSAGENS MEDIÚNICAS

8. Uma das mensagens significativas do filme Ghost *é a possibilidade da comunicação entre os dois lados da vida. Chico Xavier manteve uma atividade, uma tarefa com a denominação* o correio de luz, *no qual ele atendia as pessoas aflitas que o buscavam à procura de notícias de seus familiares já desencarnados. Como a pessoa que recebe a mensagem pode ter certeza da veracidade daquilo que ele está recebendo, ou se aquilo não é falso?*

D. F.: É muito fácil de identificar se é verdade. A verdade é muito clara pelos seus conteúdos, pois que se conhece a árvore pelo fruto que produz. No caso do venerando Chico Xavier, ele não mantinha nenhum contato prévio com as criaturas que estavam em busca das mensagens e, quando recebiam as mensagens, elas eram portadoras de informações valiosas desconhecidas do médium, tais como: palavras típicas do relacionamento íntimo entre o missivista desencarnado e o familiar, conselhos, comentários pessoais, nomes de membros do clã reencarnados e desencarnados, datas especiais, palavras em idiomas estrangeiros, de acordo com a nacionalidade do comunicante. Não havendo a menor hipótese de serem fraudes ou terem outra explicação.

Caracterizou-se *o correio de luz* do venerando apóstolo Chico Xavier pela nobreza, pela limpidez, na maneira como era exercido. A pessoa perdia-se na multidão, sem nenhum contato prévio com ele. Antes do labor, ele atendia alguns necessitados que o buscavam para outros fins e anotava, às vezes, determinados tipos de pedidos, nunca, porém, propunha qualquer interrogação em torno de familiares desencarnados, como datas, nomes, ocorrências, como, infelizmente, vem sendo feito por alguns insensatos. Sou testemunha, porque eu o conheci por mais de 40 anos, e recebi de minha genitora uma mensagem através dele, dando-me dados que eu demorei mais de dois anos pesquisando em cartórios para poder confirmar sua veracidade. Então, nesses casos, as comunicações autênticas facilmente podem ser identificadas pelos seus destinatários, pela maneira carinhosa própria de cada um se expressar, pela utilização de palavras muito típicas e revelação de informações que são desconhecidas, algumas das quais somente podem ser confirmadas posteriormente.

MEDO DE ESPÍRITOS

9. No filme, a médium, quando se depara com o fantasma do personagem San, fica desesperada. É comum sentir-se medo de Espíritos? E como superar isso?

D. F.: Naturalmente, tratando-se de uma farsante, como é o papel desenvolvido por essa nobre atriz, ela não acreditava na imortalidade da alma, era uma profissional como tantos outros que encontramos na sociedade.

Ao ser deparada com a realidade, veio-lhe o pavor, a consciência de culpa e ela própria, na película, segundo me recordo vagamente, diz que prometia nunca mais fraudar, confessando que estava negociando com a Divindade, mas que não podia negociar com a consciência de culpa.

Gostaria de fazer um pequeno adendo ao que a película cinematográfica apresenta: é que, posteriormente, nas comunicações, fica-se com a impressão de que o desencarnado entrava no corpo da médium para poder comunicar-se. Essa informação não é verdadeira, embora o filme seja muito bem elaborado, fugindo um pouco da técnica do fenômeno da mediunidade. Os fenômenos mediúnicos ocorrem através do perispírito do médium em relação ao perispírito do desencarnado ou *corpo astral*, como normalmente é denominado. Ao acoplar-se ao *corpo astral* do médium, o perispírito, palavra cunhada por Allan Kardec, transmite as suas emoções, as suas sensações, através do direcionamento psíquico, comandando os chakras coronário e cerebral, que são, de alguma forma, as sedes da consciência e da superconsciência, intercambiando as informações que são transmitidas pelos médiuns.

DIVALDO E O MEDO NA INFÂNCIA

10. Divaldo, você possui a mediunidade ostensiva desde os quatro anos. No início, você sentia medo, esse receio de que falamos há pouco?

D. F.: A princípio eu sentia surpresa, porque não tinha capacidade de entender o que se passava, depois adaptei-me, porque a primeira visão que eu tive foi da minha avó desencarnada, mas aquilo não me constituiu um choque de maneira nenhuma. Posteriormente, quando apareceram entidades perversas, eu passei a ter medo, não do fenômeno mediúnico, mas daqueles seres que me ameaçavam, muitas vezes assustando-me.

No entanto, os Espíritos bons jamais me desampararam e sempre me davam ânimo, encorajamento, dizendo-me que se tratava de um fenômeno natural e que, se eu resistisse bem através da oração, dos bons atos, dos bons pensamentos, é claro que eu conseguiria superar aquela fase, que era de educação através da necessidade dos sofrimentos e da adaptação ao novo clima psíquico. Assim passaram os anos e eu acostumei-me. Realmente experimentei os medos infantis comuns, mas nunca cheguei a temer ou deixar-me impressionar perturbadoramente pelos fenômenos.

PSICOGRAFIA EM OUTROS IDIOMAS E DE TRÁS PARA A FRENTE

11. Divaldo apresenta diversas faculdades mediúnicas, mas uma delas se destaca: são as mensagens que escreveu de trás para a frente em idiomas que não conhece. Divaldo já psicografou em inglês, francês, alemão, espanhol e até mesmo em árabe. E um desses momentos especiais ocorreu no Congresso Mundial Espírita, em Paris, na França, quando Divaldo escreveu de trás para a frente em francês. Como é

possível você escrever em idiomas que não domina e por que os Espíritos se utilizam dessa forma de comunicação?

D. F.: Foi muito curioso o fenômeno narrado, porque nos encontrávamos no Congresso Mundial de Espiritismo, homenageando os 200 anos de reencarnação de Allan Kardec. Naquele momento, proferia a conferência o nobre orador Dr. José Raul Teixeira,[39] quando, subitamente, vi uma entidade veneranda que se me acercou e disse-me: "Estamos em um Congresso Espírita, necessitamos de produzir um fenômeno espírita". Tratava-se de Léon Denis,[40] que foi um grande escritor espírita. Eu o conhecia de fotografia e já havia psicografado antes mensagens de sua autoria. Nesse momento, ele prosseguiu: "Vamos tentar escrever?".

Eu aquiesci e, discretamente, tomei de papel e lapiseira que se encontravam à mesa, concentrei-me, entrei em transe e psicografei.

---

[39] **José Raul Teixeira** (1949), dedicado trabalhador do Evangelho, brasileiro, que se notabilizou, entre os espíritas, como educador, médium e palestrante. Disponível em: <http://pt.wikipedia.org/wiki/Jos%C3%A9_Raul_Teixeira>. Acesso em: 4 jun. 2010.

[40] **Léon Denis** (1846–1927), filósofo espírita e um dos principais continuadores do espiritismo após a morte de Allan Kardec, ao lado de Gabriel Delanne e Camille Flammarion. Fez conferências por toda a Europa em congressos internacionais espíritas e espiritualistas, defendendo ativamente a idéia da sobrevivência da alma e suas consequências no campo da ética nas relações humanas. Disponível em: <http://pt.wikipedia.org/wiki/L%C3%A9on_Denis>. Acesso em: 4 jun. 2010.

Ao terminar, recuperando a lucidez, tive um choque, porque não esperava que fosse uma mensagem especular, aquela que deve ser lida através do espelho. Entreguei-a ao presidente do Congresso, Sr. Nestor Masotti.

Eu acredito que os Espíritos assim o fazem com o objetivo de chamar a atenção, de demonstrar que não se trata de uma elaboração do médium, especialmente quando se trata de idioma no qual ele não é versado, como no meu caso, falo somente o português e um pouco de espanhol. De fato, em diferentes oportunidades, em canais de televisão, já psicografei nesses idiomas referidos, como também em italiano, duas vezes, sempre publicamente, sempre em momentos inesperados.

Quando os Espíritos que vêm se comunicar abordam o tema que está sendo versado, o seu objetivo é, portanto, chamar a atenção para a mediunidade e dizer que não se trata de um fenômeno psíquico, telepático ou de hiperestesia indireta do inconsciente do sensitivo, mas sim de mediunidade.

SUCESSOR DE CHICO XAVIER

12. Algumas pessoas têm dito que você é o sucessor do Chico Xavier. Isto é verdade?

D. F.: É uma referência um tanto chocante, porque, no Espiritismo, não temos herdeiros. Chico Xavier é *hors concours*. Ele iniciou um ministério sublime e desincumbiu-se com a maior nobreza.

Em *O Livro dos Médiuns*, o Espírito Joana d'Arc[41] refere-se à faculdade mediúnica que atinge sua plenitude, como tendo atingido o mediunato. Chico Xavier foi um apóstolo da mediunidade, portanto, alcançou o mediunato, enquanto nós somos ainda os trabalhadores da seara de Jesus em tentativas de acerto e de menos erros.

A mim me surpreende, muitas vezes, essa colocação, porque jamais me passou pela cabeça, ou tive qualquer pensamento de equiparar-me ao venerando missionário, mesmo porque as nossas tarefas têm características muito especiais. Eu tenho me dedicado mais à divulgação do Espiritismo pela palavra, en-

[41] **Joana d'Arc** (em francês Jeanne d'Arc) (1412–1431), por vezes chamada de *donzela de Orléans*, era filha de Jacques d'Arc e Isabelle Romée e é a santa padroeira da França. Foi heroína da Guerra dos Cem Anos, durante a qual tomou partido pelos Armagnacs, na longa luta contra os borguinhões e seus aliados ingleses. Disponível em: <http://pt.wikipedia.org/wiki/Joana_d%27Arc>. Acesso em: 4 jun. 2010.

quanto a mediunidade gráfica ou psicográfica tem sido uma espécie de auxiliar; tenho dedicado a existência a uma obra de educação, na Mansão do Caminho, enquanto a missão de Chico Xavier foi essencialmente a do livro e dos incomparáveis exemplos de que se fez portador. Ele não tem substitutos, embora pálidos imitadores, mesmo porque isso no Espiritismo não existe. Allan Kardec desencarnou e ninguém se atreveu a pensar em substituí-lo, muito menos naquilo que diz respeito à mediunidade sublimada.

MAIOR DIFICULDADE DE DIVALDO COMO MÉDIUM

13. Em todos esses anos como médium, qual a sua maior dificuldade?

D. F.: A minha maior dificuldade é a luta pela transformação moral para melhor, a luta interior para poder conseguir a plenitude espiritual.

Nós, os espíritas, devemos ser reconhecidos como os verdadeiros cristãos, aqueles que seguiram Jesus desde os primeiros momentos. Como qualquer cidadão, venho trabalhando internamente as minhas dificuldades e procurando o que Jung costumava asseverar, alcançar o estado numinoso, um estado de individuação, um estado de perfeita harmonia entre o ego e o self, entre aquilo que aparento e aquilo que sou.

Eis aí a minha dificuldade, mas que vai sendo removida lentamente à medida que passam os anos.

MENSAGEM PARA MÉDIUM QUE TEM MEDO

14. Que mensagem você poderia deixar para a pessoa que é portadora de mediunidade, mas que tem medo ou que não sabe como educá-la?

D. F.: Primeiro, sugeriria que procurasse uma instituição espírita, isto porque, sendo a mediunidade uma faculdade que o Espiritismo conhece em profundidade, na sua condição de ciência, dispõe dos equipamentos para bem orientar o indivíduo que lhe é portador.

Se, por acaso, a pessoa tem sonhos premonitórios, se experimenta certas perturbações de natureza psicológica, se sente instabilidade emocional, se acredita ser portador de dupla ou várias personalidades, procure conhecer o Espiritismo, visitando uma casa espírita, onde receberá, no atendimento fraterno, a orientação correta. Não se preocupe em desenvolver a faculdade de um momento para outro, porque isso exige tempo, reflexão, estudos.

Leia, primeiro, *O Livro dos Espíritos* para conhecer a filosofia espírita, depois adentre-se no conhecimento de *O Livro dos Médiuns*, para, somente então, estar em condições de participar dos exercícios mediúnicos.

A mediunidade é uma faculdade abençoada por Deus. O apóstolo Paulo a chamava carisma ou dom, enquanto Allan Kardec optou por chamá-la com o nome que a caracteriza na atualidade por ser uma faculdade orgânica.

No dia em que todos nos dedicarmos a essa viagem interior para a nossa transformação moral para melhor e nos tornarmos canais do mundo espiritual superior, estaremos construindo a sociedade justa e feliz, que se apresentará como *mundo de regeneração*, cujo trânsito vem acontecendo desde há alguns anos.

MEDIUNIDADE INFANTIL

A MEDIUNIDADE NA INFÂNCIA DE DIVALDO

1. Desde criança você via e se comunicava com os Espíritos, assim como você está me vendo e conversando comigo agora, só que naquela época não existia quase informação nenhuma sobre mediunidade, como era sua convivência na escola, com a sua família ou mesmo na brincadeira com seus amigos?

Divaldo Franco: Era muito tumultuada, porque a minha primeira visão foi aproximadamente em setembro de 1931. Numa cidade do interior da Bahia, onde predominava, naturalmente, a ignorância, havia a prepotência da doutrina tradicional, à qual praticamente todos da cidade pertencíamos.

Quando eu tive a primeira visão da minha avó, fiquei por mais de uma semana no que chamaríamos de um estado exaltado da consciência. Posteriormente, passei a ver outras sombras, perturbadoras e assustava-me ao ponto de me ver obrigado a dormir com meus pais na mesma cama, segurando-lhes as mãos.

Mais ou menos seis meses ou oito depois, eu estava brincando no quintal da minha casa, que era muito grande, quando vi chegar um menino, como eu, de pele morena, uma tanga e uma pena presa ao cabelo negro escorrido, que me propôs: "Di, vamos brincar?" Eu perguntei-lhe: "Você quem é?" Ele respondeu-me: "Eu sou Jaguarassu".

Eu atribuí ser uma criança qualquer, somente não me recordava de o haver conhecido, na rua em que morava. Eu residia na Rua Voluntários da Pátria, nº 14, em Feira de Santana, e o número de crianças que ali viviam não era grande. Fomos brincar no quintal e eu não me dei conta de que se tratava de um Espírito.

A partir de então, Jaguarassu tornou-se-me um dos companheiros mais constantes. Conversava comigo, crescia comigo e, quando completou mais ou menos 10 para 11 anos, que era a minha idade, anunciou-me que iria reencarnar. Ignorando de que se tratava, perguntei-lhe o que era, e ele me explicou: "Eu vou agora voltar à Terra, vou nascer novamente". Eu fui tomado de um choque tão grande, porque para mim ele ia morrer e eu ia deixar de vê-lo.

Na escola eu era motivo de mofa dos colegas, porque, às vezes, eu estava conversando com alguém que realmente não existia, mas Deus, na sua misericórdia, teve muita compaixão de mim, porque eu era aluno de uma eminente mestra, a professora Antônia Pedreira, que me dava carinho e assistência. Nossa classe era constituída por 28 alunos, na sua sala, ela era o vulto tradicional da professora, a mestra e mãe, conversava conosco e era sempre gentil. Eu lhe contava a razão pela qual os meus colegas zombavam de mim e até me golpeavam, vez por outra. Por minha vez, eu divertia-me muito com Jaguarassu e outros.

Muito bem, era um período difícil, somente a partir dos 12 anos é que a vida se me tornou melhor, mais agradável, porque me apareceu um rapaz que havia desencarnado na cidade do Recife, mais ou menos pelo ano de 1939, e que fora vítima de um acidente. Ainda hoje, quando me recordo, acho o fato curioso, pois um acidente automobilístico no Recife, em 1939, deve ter sido um fato que chocou a opinião pública. Ele declarou-me que Valter era o seu nome, passando a ser-me grande amigo na transição da adolescência. Foi a partir do ano de 1947 que os Espíritos induziram-me a ler *O Livro dos Espíritos*, ensejando-me despertar para a realidade espírita.

Nada obstante, foi uma infância feliz, com os problemas naturais desta interexistência entre os dois mundos.

CRESCIMENTO DO TEMA MEDIUNIDADE

2. *Com a sua resposta, eu me lembrei do filme* O Sexto Sentido. *O tema mediunidade vem crescendo muito nos meios de comunicação. Os* Atos dos apóstolos *nos afirmam que "quando chegasse o momento anunciado, nossos filhos profetizariam". Nós poderíamos afirmar que esse momento chegou?*

D. F.: Podemos dizer que já chegou há bastante tempo. Aliás, a frase está em Atos dos Apóstolos, capítulo II, versículo II. Disse o profeta Joel "nos últimos dias, disse o Senhor: Vossos filhos e filhas profetizarão, vossos mancebos terão sonhos, vossos servos terão visões, nesses dias derramarei meu espírito sobre toda a carne".

Em todas as épocas da humanidade, os fenômenos mediúnicos ocorreram com os indivíduos, desde a infância à senectude. Hoje, no entanto, o número de crianças médiuns ostensivos é muito maior, primeiro, porque existe uma compreensão mais profunda em torno da mediunidade, inclusive da psicologia, que normalmente admite a possibilidade de a criança estar brincando com seu *amigo imaginário*, o que é muito positivo, porque, na visão psicológica, desenvolve a criatividade, a experiência lúdica, a criança passa a ter momentos agradáveis de convivência, quando não se trata de Espíritos perversos, porque o ser infantil é um Espírito velho, sendo o corpo jovem. Desse modo, é muito comum essa ocorrência, e a película cinematográfica apresenta uma criança que tem a visão perfeita de alguém no mundo espiritual.

A CRIANÇA E O AMIGO IMAGINÁRIO

3. Quem tem uma criança que afirma brincar com amiguinho imaginário ou com amiguinhos imaginários como pode distinguir o que é imaginação e o que é mediunidade?

D. F.: De uma maneira muito fácil, através do conteúdo dos diálogos. Quando se trata de um ser imaginário, nesse período em que a criança passa pelo fenômeno mitológico (lúdico) no desenvolvimento da sua emoção e desenvolvimento da inteligência, percebe-se que são coisas de significado pueril, são infantilidades.

Mas quando, por exemplo, citam nomes, referem-se a acontecimentos, e a criança se torna séria, procurando lidar de maneira característica, como se estivesse em realidade com outrem, não se trata de um amigo imaginário, mas sim de um Espírito.

Como lidar? Como os pais devem lidar? Estimulando a criança, conversando naturalmente, explicando-lhe a que se refere ou perguntando: "Então seu amiguinho veio hoje? Que disse ele de importante?"

E toda vez que a criança for induzida a uma atitude negativa, os pais dialogarem como se fosse um ser real, mesmo que imaginário, ou, sendo um ser real de natureza espiritual, elucidar: "Não, você não pode atendê-lo, eu sou o seu orientador, seu paizinho ou sua mãezinha", conforme o caso, "e antes de você tomar qualquer atitude ouça-me, porque Deus me confiou você para que eu o ame e resguarde do mal". Deve acrescentar também que o amiguinho é apenas um amiguinho.

CRIANÇA COM MEDIUNIDADE OSTENSIVA

4. E, se esse familiar perceber que a criança tem mediunidade ostensiva, deve incentivá-la ou reprimi-la, deve procurar um centro espírita, o que, afinal, deve fazer?

D. F.: Primeiro passo, procurar o centro espírita, porque é o lugar apropriado, a escola de bênçãos. Um Espírito muito querido, Djalma Montenegro de Faria,[42] escreveu, há muitos anos, através de mim, que o centro espírita é como um colo de mãe que afaga o filhinho na ternura para dar-lhe calor e para sustentá-lo na ingenuidade. Viana de Carvalho,[43] outro amigo espiritual, diz que o centro espírita é educandário superior para a vida.

Logo depois, orientar a criança, explicando-lhe do que se trata e como comportar-se, explicando-lhe de maneira fácil o que lhe vem ocorrendo. Felizmente dispomos, no Brasil, hoje, e em muitos países, do laborioso e útil concurso da evangelização espírita infanto-juvenil, com toda uma pedagogia metodologicamente trabalhada para essa fase etária do desenvolvimento infantil, que pode contribuir muito para o equilíbrio do pequeno médium. Simultaneamente, aplicar as terapias espíritas: o passe, a água fluidificada, as orações e, naturalmente, com o tempo, a faculdade vai dimi-

[42] **Djalma Montenegro de Farias** (1900–1950). Grande trabalhador da Seara de Jesus e abnegado divulgador do Espiritismo. Foi um marco do Espiritismo em Pernambuco e seu nome e sua obra ultrapassam os limites do seu Estado. Disponível em: <http://www.espiritismogi.com.br/biografias/djalma.htm>. Acesso em: 4 jun. 2010.

[43] **Manuel Vianna de Carvalho** (1874–1926), militar e espírita brasileiro. Destacou-se como orador na divulgação da Doutrina Espírita. Dotado de grande cultura científica e literária, era profundo conhecedor da Doutrina Espírita, o que fez com que se destacasse como um dos seus mais ativos propagandistas na Região Nordeste do Brasil. Disponível em: <http://pt.wikipedia.org/wiki/Manuel_Vianna_de_Carvalho>. Acesso em: 4 jun. 2010.

nuindo até ficar bloqueada, temporariamente, aguardando o momento próximo de ser orientada.

CENA DE NOVELA

5. Em uma cena de novela da TV globo, a mãe, já desencarnada, balançava seus filhos num parque. Isso é possível nos dias de hoje?

D. F.: Sim. Muitas vezes os Espíritos utilizam-se da energia de alguém que está nas cercanias e promove ações de natureza física, usando o ectoplasma, não necessariamente no caso da criança, mas também tirando as energias da natureza. Há uma palavra sânscrita chamada *maaprana*, que seria a eliminação das forças vivas da natureza, que os Espíritos podem trabalhar, aplicando-a em nosso benefício.

AUMENTO DA MEDIUNIDADE EM CRIANÇAS

6. Com a chegada da nova geração conhecida como* crianças índigo *e* cristal, *a mediunidade em crianças deve aumentar?

D. F.: Acredito que sim. Quando vejo, por exemplo, os DDAs e os TDAH, as crianças que têm dificuldade de aprendizado e as hiperativas. Aliás, nunca devemos designar a criança com este ou aquele nome, quando usamos a palavra índigo ou cristal, é apenas para caracterizar uma nova experiência, mas a criança é sempre criança.

É obvio que a mediunidade pode estar em um grau bem mais avançado, digamos, na linguagem kardequiana, a criança pode ser portadora de uma mediunidade ostensiva e encontrar-se sob a injunção de entidades perturbadoras, porque o fato de ter características índigo, rotulando-a, não quer dizer que seja elevada, porquanto os índigos, segundo os técnicos, estão classificados em quatro ordens. Os humanistas, por exemplo, os artistas, que não são moralmente evoluídos, embora trazendo grandes experiências na arte, no sentimento da solidariedade, mas não no amor, podendo tornar-se, algumas vezes, violentos. Essas denominadas *crianças índigo* reencarnam-se para quebrar tabus, para preparar o advento de uma Nova Era, a fim de que aqueles interdimensionais, que são pacíficos, que são nobres, constituam os membros da Nova Era anunciada por Allan Kardec, desse modo, promovendo o progresso da sociedade. O fato de eles haverem sido chamados *índigo* e *cristal*, parece-me que é uma forma de caracterizar uma nova mentalidade, mas é criança do mesmo gênero.

HOMENAGENS A DIVALDO FRANCO ATÉ 2010

Nota da organizadora

As páginas seguintes têm a finalidade de demonstrar, principalmente àqueles leitores que, apesar de não serem espíritas, têm interesse e simpatia pela Doutrina, o reconhecimento por instituições culturais, sociais, religiosas, políticas e governamentais ao importante, efetivo e admirável trabalho de divulgação do Espiritismo, realizado, há mais de 60 anos, pelo orador, médium e educador Divaldo Pereira Franco, em todo o mundo.

Em todas as homenagens que recebe, Divaldo Franco faz questão de deixar claro seu papel de coadjuvante perante a Doutrina, sempre transferindo ao Espiritismo todos os elogios a ele dirigidos.

DIPLOMAS RECEBIDOS

1968 - Escuela Espírita de Orientación Cristiana, Tegucigalpa-Honduras
- Asociación Escuela Heliosóphica Luz y Caridade, Guatemala-Guatemala

1969 - Centro de Estúdios Psíquicos Culturales Gustave Geley, Cali-Colombia

1971 - Centro Espírita Ley y Verdad Allan Kardec, Pitalito, Huila-Colombia

1973 - Congregação Espírita Francisco de Paula, Rio de Janeiro-RJ
- Assembléia Legislativa Estadual, Maceió-Alagoas

1976 - Centro Espírita San Martin de Pobres, Tegucigalpa-Honduras
- Consejo Espírita de Relaciones de Honduras-Honduras

1977 - Supremo Conclave do Brasil para o Rito Brasileiro, Salvador-Ba
- Governo do Estado da Bahia (Grau de Cavaleiro da Ordem do Mérito)

1979 - Instituto de Ciências Parapsicológicas Hispano-Americano, Miami, Florida, USA
- Real Academia Mundial de Parapsicologia Investigadora y Docente Ins. (Master Honory y Meritourios, Miami. Florida, USA
- Cyberam University (Grau de Doctor in Parapsycology, M.C), Miami, Florida-USA

1980 - Movimento Brasileiro de Alfabetização (Amigo do MOBRAL), Salvador-BA
- Fundação Espírita Lívio Pereira, Aracaju-SE
- Associação Brasileira de Jornalistas e Escritores Espíritas-ABRAJE

1981 - Ordem da Solidariedade (Grau de Gran Oficial da Cruz do Mérito Cultural), São Paulo-SP

1982 - VIII Congresso Brasileiro de Jornalistas e Escritores Espíritas, Salvador-BA

1983 - Federação de Estabelecimentos de Ensino Superior, Novo Hamburgo-RS

1984 - Escuelas Espíritas Cristianas de la Ciudad de Coatepeque-Guatemala
- Ordem da Solidariedade (Grau de Gran Colar da Cruz do Mérito Cultural), São Paulo-SP
- Institut Humaniste de Paris, Section USA concedendo a Medail de Renaisance Franco –Americaine, Classe Especial
- Fundação Átila Taborda/Faculdades Unidas de Bagé-RS

1985 - Município de Cruz Alta-RS
- Centro de Investigaciones Metapsíquicas y Afines, Maracay-Venezuela
- Câmara Municipal de Salvador-Ba concedendo a Medalha Thomé de Souza

1987 - Câmara Municipal de Belém-PA (Honra ao Mérito)

1988 - Espíritas da FEDAC, Panamá-Panamá

1990 - El Instituto Mexicano del Petróleo, México-DF

1991 - Asociation Les Amis d'Allan Kardec, Lyon-França
- Governo e Faculdade do Colégio Internacional de Ciências Espirituais e Psíquicas da Cidade de Montreal e Provincia de Quebec-Canada (Doctor of Humanities "Honoris Causa" in Spiritual and Psychic Sciences)
- Asociation Les Amis d'Allan Kardec, Lyon-França (Membre d'Honneur)

1993 - Gran Log. Valle de México – RED Cultura, México-DF
- Certificado do BANEB (pela palestra no Evento: O Homem Perante a Consciência), Salvador-BA

1994 - Ordem do Mérito Benta Pereira, da Câmara Municipal de Campos de Goytacazes-RJ

1995 - Ordem do Mérito Serigy, no Grau de Oficial, do Prefeito do Município de Aracaju- SE

1996 - Câmara Municipal do Rio de Janeiro-RJ concedendo a Medalha de Mérito Pedro Ernesto
- Poder Executivo Municipal de Santa Maria-RS – Diploma de Reconhecimento

1997 - Governo do Estado de Sergipe concedendo o Grau de Cavaleiro da Ordem do Mérito Aperipê
- Governo do Estado de Sergipe concedendo o Galardão de Cavaleiro da Ordem do Mérito Aperipê
- Ordem Municipal do Mérito da Câmara Municipal de Campos de Goytacazes-RJ

- Diploma de Visitante Ilustre do Município de Cruz Alta-RS.
- Exército Brasileiro concedendo o Grau de Cavaleiro da Ordem do Mérito Militar
- Certificado da Academia de Policia Militar do Bonfim/Divisão de Ensino, como participante do Ciclo de Palestra da APMB, Salvador-BA
- Certificado do Congreso Espírita Portorriqueño, San Juan de Puerto Rico

1998 - Certificado do Lar Fabiano de Cristo, pela participação no XII Encontro de Supervisores e Coordenadores, Rio de Janeiro-RJ
- Diploma Ordem Municipal do Mérito, da Câmara Municipal e do Prefeito de Campos dos Goytacazes-RJ
- Diploma Guerreiro da Luz, da Seara Espírita do Oriente "A Casa do Caminho", Rio de Janeiro-RJ
- Certificado da Associação de Medicina e Espiritismo da Bahia

1999 - Diploma Educador do Ano-1997, da Academia Baiana de Educação, SSA-BA
- Diploma (URKUNDE) do CEEAK, de Winterthur, Suíça

2000 - Certificado da Sociedade Brasileira de Terapia de Vidas Passadas, pela participação no II Congresso Internacional de Terapia de Vida Passada, realizado no Rio de Janeiro-RJ, como conferencista

2001 - Diploma Amigo e Companheiro, do Lar Infantil Marília Barbosa – Cambé-PR
- Diploma do Mérito Histórico e Cultural, da Academia Brasileira de Arte, Cultura e História , de São Paulo/SP
- Diploma de Voto de Louvor pela Mansão do Caminho, da Academia Brasileira de Arte, Cultura e História, de São Paulo-SP

2002 - Diploma de Doutor Honoris Causa, da Universidade Federal da Bahia
- Diploma de Cidadão Emérito e Personalidade Ilustre da Câmara Municipal de Santa Maria-RS
- Certificado conferido pelo Hospital Geral do Estado da Bahia/Coordenação de Modernização Recursos Humanos

2003 - Certificado do Congreso Espírita Portorriqueño 2003, por sua participação
- Câmara Municipal de Pedro Leopoldo-MG, concedendo a Comenda Chico Xavier
- Diploma Comenda Chico Xavier, da Câmara Municipal de Pedro Leopoldo-MG

- Diploma de "Sócio Onorífico" da FIDES (La Federazione Italiana di Evoluzione Spiritica /Organo Promotore e Coordenatore dell Uniome Espiritista Italiana)
- Certificado do Centro Espírita Cristófilos, Rio de Janeiro-RJ

2005 - Certificado nº 60023 (Mars 2001 Lander Participation Certificate) Office of Spice Science – USA
- Diploma da Polícia Militar da Bahia concedendo a Medalha Especial Comemorativa dos 180 Anos da Polícia Militar da Bahia
- Diploma do Museu Militar Conde de Linhares (Ministério da Defesa do Exército Brasileiro)
- Certificado do I Congresso Religioso da Policia Militar, Salvador-BA

2007 - Diploma da Câmara Municipal de Campo Grande-MS concedendo o Título de Benfeitor da Cidade de Campo Grande-MS

2008 - Diploma de Honra ao Mérito, da Diretoria do Lar Fabiano de Cristo, Rio de Janeiro-RJ

2009 - Diploma de Comendador admitido na Ordem Municipal do Mérito de Feira de Santana-BA. Insígnia correspondente à condecoração Cruz do Mérito
- Diploma da Câmara Municipal de Jaboticabal-SP
- Diploma de Miembro Honorario da Confederación Espiritista Argentina (07.02.2009) Reconocimiento – Buenos Aires-Argentina
- Diploma de Agradecimento, das Obras Sociais Irmã Dulce, em Salvador-BA
- Diploma de Sócio Honorário do Centro Espírita Paraguayo (CEPAR) – Assunção-Paraguai
- Diploma de Cidadão Honorário de Foz de Iguassu – Câmara Municipal de Foz de Iguaçu-PR (Dec. Legislativo 02/2008 de 20.05.2008)
- Diploma conferindo a Comenda Ordem do Mérito Judiciário do Trabalho da Bahia – Comenda Ministro Coqueijo Costa

2010 - Diploma de Cidadão Ipamerino – Câmara Municipal de Ipameri-GO
- Diploma conferindo a Medalha Doutor José Clemente Pereira – de notório saber – Câmara Municipal de Niterói-RJ

TÍTULOS RECEBIDOS

HÓSPEDE OFICIAL

Nº 1613/81 = Declarando-o Hóspede Oficial do Município de Araçatuba-SP

Nº 1197/81 = Declarando-o Hóspede Oficial do Município de Osvaldo Cruz-SP

Nº 048/82 = Declarando-o Hóspede Oficial do Município de Santa Maria-RS

Nº 5262/84 = Declarando-o Hóspede Oficial do Município de Presidente Prudente-SP

Nº 2110/84 = Declarando-o Hóspede Oficial do Município de Araçatuba-SP

Nº 106/85 = Declarando-o Hóspede Oficial do Município de Passo Fundo-RS

Nº 323/85 = Declarando-o Hóspede Oficial do Município de Cruz Alta-RS

Nº 5229/85 = Conferindo o Troféu Relógio do Sol, Franca-SP

Nº 253/85 = Declarando-o Hóspede Oficial do Município de Santa Maria-RS

Nº 3473/86 = Declarando-o Hóspede Oficial do Município de Indaiatuba-SP

Nº 259/86 = Declarando-o Hóspede Oficial do Município de Santa Maria-RS

Nº 3482/86 = Declarando-o Hóspede Oficial do Município de Tupã-SP

Nº 392/87 = Declarando-o Hóspede Oficial do Município de Sant'Ana do Livramento-RS

Nº 045/88 = Declarando-o Hóspede Oficial do Município de Santa Maria-RS

Nº 1353/88 = Declarando-o Hóspede Oficial do Município de Três Rios-RJ

Nº 1837/90 = Declarando-o Hóspede Oficial do Município de Osvaldo Cruz-SP

Nº 7704/91 = Declarando-o Hóspede Oficial do Município de Presidente Prudente-SP

Nº 4055/91 = Declarando-o Hóspede Oficial do Município de Araçatuba-SP

Nº 4027/91 = Declarando-o Hóspede Oficial do Município de Tupã-SP

Nº 207/91 = Declarando-o Hóspede Oficial do Município de Passo Fundo-RS

Nº 4966/92 = Declarando-o Hóspede Oficial do Município de Botucatu-SP

Nº 132/94 = Declarando-o Hóspede Oficial do Município de Passo Fundo-RS

Nº 2186/94 = Declarando-o Hóspede Oficial do Município de Catanduva-SP

Nº 395/94 = Declarando-o Hóspede Oficial do Município de Santa Maria-RS

Nº 2848/95 = Declarando-o Hóspede Oficial do Município de Catan--duva-SP

Nº 684/96 = Declarando-o Hóspede Oficial do Município de Santa Maria-RS

Nº 072/97 = Declarando-o Hóspede Oficial do Município de Santa Maria-RS

Nº 257/97 = Declarando-o Hóspede Oficial do Município de Catan--duva-SP

Nº 2318/98 = Declarando-o Hóspede Oficial do Município de Ibitinga-SP

Nº 11829/98 = Declarando-o Hóspede Oficial do Município de Presidente Prudente-SP

Nº 489/99 = Declarando-o Hóspede Oficial do Município de Santa Maria-RS

Nº 14911/01 = Declarando-o Hóspede Oficial do Município de Presidente Prudente-SP

= Declarando-o Hóspede Oficial do Município de Passo Fundo-RS

Nº 10585/08 = Declarando-o Hóspede Oficial do Município de Itanhaém-SP

Nº 19125/08 = Declarando-o Hóspede Oficial do Município de Presidente Prudente-SP

Nº 9804/2010 = Declarando-o Hóspede Oficial do Município de Soledade-RS

Nº 041/22.04.2010 = Declarando-o Hóspede Oficial do Município de Carazinho-RS

Cidadão Honorário

Título	**Data do recebimento**
Água-quentense (Água Quente-BA)	28/07/1996
Anapolino (Anápolis-GO)	24/01/1992
Andreense (Santo André-SP)	22/11/1995
Aracajuano (Aracaju-SE)	12/09/1981
Araçatubense (Araçatuba-SP)	30/05/1984
Araguarino (Araguari-MG)	22/07/1981
Araraquarense (Araraquara-SP)	27/09/1991
Belo-horizontino (Belo Horizonte-MG)	04/10/1988
Bom-jesuense (Bom Jesus de Itabapuana-RJ)	31/07/1989
Botucatuense (Botucatu-SP)	21/10/1997
Brasiliense (Brasília-DF)	20/10/2000
Brumadense (Brumado-BA)	25/07/1996
Campineiro (Campinas-SP)	02/12/1982
Campista (Campos-RJ)	27/10/1979
Campo-grandense (Campo Grande-MS)	15/01/1978
Canguçuense (Canguçu-RS)	17/04/1993
Carioca (Rio de Janeiro-RJ)	26/10/1982
Caruaruense (Caruaru-PE)	25/03/1998
Cascavelense (Cascavel-PR)	29/09/2006
Catalano (Catalão-GO)	30/06/1988
Catanduvense (Catanduva-SP)	05/04/2005
Conquistense (Vitória da Conquista-BA)	19/12/1979
Contagense (Contagem-MG)	16/11/1993
Corumbaense (Corumbá-MS)	19/04/1979
Cuiabano (Cuiabá-MT)	14/07/1996
Curitibano (Curitiba-PR)	14/06/1988
Douradense (Dourados-MS)	06/07/2001
Florianopolitano (Florianópolis-SC)	04/11/1990
Fluminense (Estado do Rio)	25/11/1977
Fortalezense (Fortaleza-CE)	05/05/1979
Foz Iguaçuense (Foz de Iguaçu-PR)	07/2009
Francano (Franca-SP)	21/03/1982
Garanhuense (Garanhuns-PE)	23/11/1993
Goianiense (Goiânia-GO)	04/10/1984
Goiano (Estado de Goiás)	04/10/1984
Guaçuano (Mogi Guaçu-SP)	28/11/2009

Ibiraense (Ibirá-SP) 08/02/2008
Ilheense (Ilhéus-BA) 01/10/1994
Ipamerino (Ipameri-GO) 19/02/2010
Itabunense (Itabuna-BA) 06/09/1999
Itanhaense (Itanhaém-SP) 21/01/2008
Ituiutabano (Ituiutaba-MG) 20/07/1981
Itumbiarense (GO) 27/12/2005
Jaboatãoense (Jaboatão-PE). 16/12/1984
Jaboticabalense (Jaboticabal-SP) 19/08/2008
Jataiense (Jataí-GO). 04/11/1989
Juazeirense (Juazeiro-BA). 30/08/1985
Juiz-forano (Juiz de Fora-MG) 18/04/1979
Ladarense (Ladário-MT) 18/04/1979
Londrinense (Londrina-PR) 31/03/1982
Macaense (Macaé-RJ) 23/08/1987
Macaubense (Macaúbas-BA) 14/07/1995
Nanuquense (Nanuque-MG) 13/06/1984
Natalense (Natal-RN). 26/08/1991
Nazareno (Nazaré-BA) 25/12/1982
Nilopolitano (Nilópolis-RJ) 15/08/2009
Niteroiense (Niterói-RJ) 03/09/1990
Olindense (Olinda-PE) 04/09/1998
Osasquense (Osasco-SP) 18/04/1994
Palmelino (Palmelo-GO) 29/06/1990
Paramirinhense (Paramirim-BA). 06/07/1982
Paulistano (São Paulo-SP) 25/01/2000
Pelotense (Pelotas-RS) 21/09/1992
Pernambucano (Estado de Pernambuco) 24/03/1986
Pessoense (João Pessoa-PB) 27/08/1990
Petropolitano (Petrópolis-RJ). 16/03/1997
Piauiense (Estado do Piauí) 03/04/1989
Ponta-grossense (Ponta Grossa-PR) 15/09/1977
Populinense (Populina-SP)
Porciunculense (Porciúncula-RJ) 25/11/1985
Porto-alegrense (Porto Alegre-RS) 03/10/1993
Queimadense (Queimadas-BA). 07/08/1994
Recifense (Recife-PE) 04/09/1998
Rio-pretano (São José do Rio Preto-SP) 13/10/1986
Ribeirão-pretano (Ribeirão Preto-SP) 05/07/1991

Rolandiense (Rolândia-PR) 20/04/1986
São-caetanense (São Caetano do Sul-SP) 22/09/1995
Santaluzense (Santaluz-BA) 15/05/1974
Santo-antoniense (Sto. Antônio de Jesus-BA) 29/05/1980
São-bernardense (São Bernardo do Campo-SP) 03/06/1997
São-lourencense (São Lourenço da Mata-PE) 29/09/1980
Sergipano (Estado de Sergipe) 29/09/1980
Soteropolitano (Salvador-BA) 13/09/1972
Sul-mato-grossense (Est. Mato Grosso do Sul) 21/04/1981
Teófilo-Otoniense (Teófilo-Otoni/MG) 12/11/1985
Ubaense (Ubá-MG) 14/11/1985
Uberabense (Uberaba-MG) 05/11/1980
Uberlandense (Uberlândia-MG) 02/05/1981
Valenciano (Valença -Rio de Janeiro) 19/06/2009
Vitoriense (Vitória-ES) 08/09/1992
Volta-redondense (Volta Redonda-RJ) 29/08/1992
Votuporanguense (Votuporanga-SP) 08/08/1990

Obs. O município de Água Quente recebeu o nome para Érico Cardoso (após a desencarnação do seu ex-prefeito)

Outros Títulos

Cidadão Honorífico de Honra ao Mérito, de Belém-PA
Cidadão Benemérito do Estado do Rio de Janeiro
Cidadão Benemérito de Muriaé-MG
Cidadão Emérito de Santos-SP
Cidadão Emérito e Personalidade Ilustre da Câmara Municipal de Santa Maria-RS
Cidadão Honra ao Mérito de Santa Maria-RS
Grande Benemérito, da Sociedade Espírita Joanna de Ângelis, Três Rios-RJ
Presidente Honorário do Centro Redenção e Auxílio Francisco de Assis, de Johannesburg-South Africa
Presidente de Honra do II Congresso Mundial de Espiritismo, Lisboa-Portugal
Sócio Fundador da CAPEMI, Rio de Janeiro-RJ

Sócio Benemérito da Soc. Espírita Anjo da Guarda, Santos-SP
Sócio Benemérito da Soc. Espírita Capa dos Pobres, Curitiba-PR
Sócio Benemérito da Sociedade Espírita Joanna de Ângelis, de Três Rios-RJ
Sócio Honorário da Associação Espírita de Lagos-Portugal
Presidente Vitalício do Centro de Estúdios Psíquicos Amalia Domingo Soler, de Guaiaquil-Equador
Membro Honorífico do Movimento Espírita Cristiano "El Buen Samaritaño La Romana", República Dominicana.
Visitante Ilustre, da Câmara Municipal de Bebedouro-SP
Pai Ilustre, do IPAC (Instituto de Patrimônio Artístico e Cultural), Salvador-BA, recebido no Dia dos Pais, 11/08/1996)
Visitante Ilustre de Santa Maria-RS (11/96)
Visitante distinguido y Embajador ante a comunidade internacional, do Comité Organizador do Tercer Congreso Espírita Mundial, (realizado em outubro do ano 2.000, na Guatemala (jan/1998)
Educador do Ano /1997, pela Academia Baiana de Educação
Sócio Honorífico do Centro de Estudos Espíritas Allan Kardec-CEEAK, Winterthur, Suíça (1999)
Scientiarum Persona Magnífica, conferido pelo Clube dos Escritores Piracicaba-SP como representante da Comunidade Intelectual (09/2002).
Ilustre Feirense, conferido pela Universidade Estadual de Feira de Santana-BA
Grande Benemérito, da Sociedade Espírita Joanna de Ângelis – Três Rios-RJ
Presidente Honorário do Abrigo Paulo de Tarso, de Nazaré-BA
Amigo da Criança Especial, do Núcleo de Atendimento da Criança com Paralisia Cerebral NACPC/UNICEF/BA
Embaixador Universal da Paz (Ambassader Universelle de la Paix) de Universal Peace Embassy & Cercle Universel des Ambassadeurs de la Paix, Genève, Suisse
Ordem do Mérito Militar, concedido pelo presidente da República do Brasil
Excelência Fraternal, da Fraternidade Espírita Deus, Amor y Caridad (FEDAC), no I Encuentro Espírita Panameño, Panamá
Ordem do Mérito do Município de Feira de Santana-BA
Benfeitor da Cidade de Campo Grande-MS
Embaixador da Bondade, da Gesar Foundation for Children, Devon, Inglaterra

Ciudadano Ilustre, da Junta Municipal de Ciudad del Este, Paraguay
Ciudadano Ilustre de la Ciudad de Santisima Trinidad, da Junta Municipal de Santisima Trindade, Paraguay
Visitante Ilustre do Município de Santa Maria, Decreto Legislativo 06/09 da Câmara Municipal de Vereadores de Santa Maria-RS
Patrono da Cadeira nº 33 da Academia de Letras de Araguari-MG
Prêmio Cuidar da Terra – Conselho Mundial de Cidadania Planetária
Cidadania Planetária – Projeto Vôo da Águia – Conselho Mundial de Cidadania Planetária
Membro do Conselho Mundial de Cidadania Planetária

CIDADES QUE O HOMENAGEARAM COM NOME DE RUA

Anápolis-GO
Brumado-BA
Campo Grande-MS
Feira de Santana-BA
Juazeiro-BA
Macaúbas-BA
Paramirim-BA
Salvador-BA (Praça no Shopping Center Iguatemi)

Outras Homenagens

Auditório Professor Divaldo Franco (Centro de Cultura Nabor Cayres de Brito), Paramirim-BA
Mocidade Espírita Divaldo Pereira Franco – Campinas-SP
Mocidade Espírita Divaldo Pereira Franco – Curitiba-PR
Juventude Espírita Divaldo Pereira Franco – Joinvile-SC
Centro Educacional Divaldo Pereira Franco – Brumado-BA

Centro Espírita Manoel e Divaldo – Reus-Tarragona-Espanha
Centro Espírita Divaldo Franco – Osvaldo Cruz-SP
Grupo Divaldo Pereira Franco – Aracaju-SE
Centro Espírita Divaldo Pereira Franco – Cascavel-PR
Escola Espírita Prof. Divaldo Pereira Franco – Catanduva-SP
Centro de Convenções Divaldo Pereira Franco – Campina Grande-PB

PLACAS - MEDALHAS - TROFÉUS - DIVERSAS

Placas Douradas

1972 - Centro Espírita Amor e Caridade, Birigui-SP
1983 - União Espírita Editora de Viseu-Portugal
1984 - Sociedad Evangélica Kardeciana Juana de Angelis, Montevidéo-Uruguay
1986 - FEDAC – Fraternidad Espírita Dios, Amor y Caridad, Panamá-Panamá
- Espíritas Uruguaios (1º Seminário Cristiano), Montevidéo-Uruguay
1987 - Voluntárias Sociais da Bahia, Salvador-BA
- Núcleo Espírita Investigadores da Luz, Recife-PE
- Central Espírita Venezolana, Caracas-Venezuela
- Asociación Espiritista Tercera Revelación, La Rioja-Argentina
- Instituto de Enseñanza Espírita de la Confederación Espiritista Argentina, Buenos Aires
1988 - Câmara de Vereadores de Paramirim-BA
1990 - Cidade Camaquã-RS
1991 - Associação Espírita de Viseu-Portugal
- Instituição Beneficente "A Luz Divina" (em estojo c/caneta Parker), São Paulo-SP
1992 - Sociedad Espiritista de Santa Maria SESMAR - Colômbia
- Congreso Mundial de Espiritismo, Madrid-España (como Presidente de Honra do Congresso)

1994 - Centre d'Etudes Spirite Allan Kardec – Le CESAK – de Paris, França
- Federación Espiritista Kardeciana de la Florida Inc. (FEKDFLA), no Encuentro Espírita Miami//1994 – USA

1996 - Associação Espírita de Leiria-Portugal

1997 - The Twenty Second Annual SSF-III HS Internacional Conference em celebração dos 50 anos de serviço a Deus e à Humanidade-Montreal/Quebec/Canada.
- Conselho Espírita Regional do Grande ABC – CER 1 Sul (idem), S. Bernardo do Campo-SP
- Obra de Fabiano (Lar Fabiano de Cristo/Capemi), Rio de Janeiro-RJ (ib.)
- Escola de Samba Beija-Flor/Pref. Municipal de Nilopolis-RJ
- Loja Maçônica Luis de Camões 3 nº 67m Rio de Janeiro-RJ (ib.)
- Amigos da Mansão do Caminho em Brasília-DF
- Centro Redención, Montevideo-Uruguay

1998 - Comunidade de Paramirim-BA
- Colégio da Polícia Militar da Bahia, Salvador-BA

1999 - Asociación Espírita Tercera Revelación, La Rioja, Argentina
- Casa Transitória Fabiano de Cristo, FEESP, São Paulo-SP

2002 - Sociedade Espírita "A Caminho da Luz", de Santa Cruz do Sul-RS (homenagem aos 50 anos da Mansão do Caminho)
- Medalha Especial, (comemorativa dos 25 anos da Universidade Estadual de Feira de Santana-BA)
- Federação Espírita Portuguesa, no IV Congresso Nacional de Espiritismo

2003 - Sociedade Espírita "A Caminho da Luz", de Santa Cruz do Sul-RS

2005 - União Espírita Joanna de Ângelis, de Tanquinho-BA
- Representantes do Centro Espírita La Paz – Obrajes, de Bolívia
- FEDAVELL, da Federação Avellaneda – Avellaneda, Buenos Aires-Argentina

2006 - Federação Espírita do Equador

2007 - Movimento Espírita do Maranhão – São Luiz-MA

2009 - Centro Espírita Paraguayo – Assunção-Paraguai – Reconhecimento e Gratidão

2010 - Câmara Municipal de Ipameri-GO

Placas de Prata

1962 - F.E.J.A. de Buenos Aires-Argentina
1971 - Família Espírita de Laguna-SC
1972 - Institución Espírita Juana de Angelis, Buenos Aires-Argentina
- Escola Alvorada Nova, Salvador-BA
1973 - Samaritanos, Belo Horizonte-MG
1976 - Círculo Lumen da Cidade de Ponce-Puerto Rico
1977 - Centro de Reabilitação Bezerra de Menezes, Araras-SP
- Tios da "Mansão do Caminho", Salvador-BA
- Amigos de Zaragoza-Espanha
- Centro Cultural e Espiritualista de Viseu-Portugal
- Union Espiritista Colombiana, Bogotá-Colômbia
- Associação Cultural Espiritualista de Viseu-Portugal
1978 - União Municipal Espírita de Guarulhos-SP
- Associação Cultural Espiritualista de Viseu-Portugal
1979 - Organização Espírita Cristã "Irmã Scheilla", Ponta Grossa-PR
- Grupo Espírita Ana Franco, Curitiba-PR
- 1ª Semana da Previdência e Assistência Social
- Centro Espírita Perseverança, São Paulo-SP
- Escuela Heliosóphica Luz y Caridad, Guatemala-Guatemala
- Espíritas Campistas, Campos-RJ
- Asociación Juana de Asbaje de Ciudad de México, México-DF
- Instituição Filantrópica Mansão de São Jerônimo, Rio de Janeiro-RJ
- AME, Uberaba-MG
- Espíritas de Montevidéo – Uruguay, pela publicação do 1º Livro Espírita no Uruguay: *Después de la Tempestad*
- Centro Integrado Luiz Tarquínio, Salvador-BA
1980 - Espíritas de Réus-Espanha
- Centro Cultural e Espiritualista de Viseu-Portugal
- Instituição Espírita Joanna de Ângelis, Rio de Janeiro-RJ
- Aliança Municipal Espírita de Uberaba-MG
- Centro Espírita Vicente de Paulo, Uberaba-MG
1981 - Aliança Municipal Espírita e Conselho Regional Espírita de Uberlândia-MG
- União Municipal Espírita de Araçatuba-SP
- Comunidade Espírita de Osvaldo Cruz-SP
- Secretariado Provincial do Minho-Portugal
- Associação Cultural Espiritualista de Viseu-Portugal

- Família Espírita de Anápolis-GO
- Lar São Francisco de Anápolis-GO
- Sociedade Espírita Kardecista "A Fé Pela Razão", São Gabriel-RS
- Aliança Municipal Espírita de Araguari-MG
- Poder Legislativo Araguarino-MG
- Câmara Municipal de Ituiutaba-MG
- Loja Maçônica União das Três Fronteiras, Foz do Iguaçu-PR

1982 - Prefeitura Municipal de Santa Maria-RS
- Família Espírita Santiaguense, Santiago-RS
- Centro Espírita Mensageiros da Paz, Francisco Beltrão-PR
- Prefeitura Municipal de Tanabi-SP

1983 - Família Espírita Paduana, Sto. Antônio de Pádua-RJ
- Grupo Espírita José de Anchieta, Campo Grande-MS
- Clube do Livro Espírita da UNIME de Araçatuba-SP
- Comunidade Espírita de Pereira Barreto-SP
- Aliança Municipal Espírita de Uberaba-MG, pelo lançamento do livro psicografado em parceria com o médium Francisco C. Xavier: *E o Amor Continua*
- Asociación Espírita Española, Madri-Espanha
- Samaritanos do Caminho, Setúbal-Portugal
- Núcleo Espírita Cristão do Porto-Portugal
- Loja Maçônica das Três Fronteiras nº 46, Foz do Iguaçu-PR
- União Municipal Espírita Itaquiense, Itaqui-RS

1984 - Espíritas de Monte Alegre-MG
- Lar São Domingos, Maceió-AL
- Círculo de Leitura Espírita de Presidente Prudente-SP
- Grupo de Estudos Espírita Emmanuel, Martinópolis-SP
- Associação Espírita Joanna de Ângelis, Monte Paranapanema-SP
- Escola Maria de Nazaré, Campos-RJ
- Família Espírita Tupaciguarense, Tupaciguara-MG

1985 - Associação de Beneficência Fraternidade, Sintra-Portugal
- Espíritas de Porciúncula-RJ
- Espíritas do Colégio Militar de Belo Horizonte-MG
- Cidade de Leiria-Portugal

1986 - Prefeitura Municipal de Mogi-Mirim/SP
- União Brasileira Espiritualista, São Paulo-SP

1987 - Centro Espírita Caminho da Redenção, Salvador-BA, pelos 40 anos de Mediunidade
- Loja Maçônica Justiça e Amor, Bebedouro-SP
- Tios da "Mansão do Caminho", Salvador-BA

1992 (cont.)

- Colégio Militar de Salvador-BA
- Centro Evangélico Kardecista Joanna de Ângelis, Montevidéo-Uruguay

1988 - Câmara de Vereadores de Santa Maria-RS
- União Municipal Espírita de Santa Maria-RS
- Poderes Executivo e Legislativo de Santa Cruz do Sul-RS

1989 - Junta de Freguesia de Olhão-Portugal
- Câmara Municipal de Olhão-Portugal
- C.E. Obreiros da Caridade, São Gabriel-RS

1990 - Família Espírita de Palmelo-GO
- Grupo Espírita União, Fraternidade e Amor, Volta Redonda-RJ
- Centro Espírita Amor, Fé e Caridade, Osvaldo Cruz-SP
- Comunidade Espírita Joanna de Ângelis, Osvaldo Cruz-SP

1991 - Comunidade Espírita de Leiria-Portugal
- Escola de 1º Grau Jesus Cristo, Salvador-BA
- Lar Fabiano de Cristo, Rio de Janeiro-RJ
- Instituição Beneficente A Luz Divina, São Paulo-SP
- Câmara de Vereadores de Araçatuba-SP

1992 - Centro Espírita Joanna de Ângelis, Valongo-Portugal
- Famílias Zaher, Barcelos e Perri, Ribeirão Preto-SP
- Comunidade Espírita Joanna de Ângelis, Osvaldo Cruz-SP
- Tios da "Mansão do Caminho", Salvador-BA
- Federação Espírita do Estado da Bahia, Salvador
- Instituto de Pesquisas Psíquicas, Salvador-BA
- CAPEMI, Rio de Janeiro-RJ
- Espíritas de Nova Iguaçu-RJ
- Centro Cristão Espírita O Caminho da Verdade, Botucatu-SP
- Colégio Bezerra de Menezes, Marília-SP
- Shopping Center Iguatemi (Nacional Iguatemi Empreendimentos S.A)
- Família Lageana, Lages-SC
- Liga Espírita Pelotense, Pelotas-RS

1993 - Lions Clube, Distrito L-2, Salvador-BA
- Universidade Estadual de Feira de Santana e Revista *Sitieentibus*
- Associação Espírita de Leiria-Portugal
- Família Espírita de Itumbiara-GO
- Abrigo Espírita Oscar Pithan da Univ. Fed. de Santa Maria-RS
- Núcleo Educacional Espírita Joanna de Ângelis, de Catanduva-SP
- Programa Radiofônico Espírita *Hoje*, de Santos-SP
- União Municipal Espírita de Uruguaiana-RS

1994 - Grupo da Fraternidade Espírita Irmão Alexandre, de Pouso Alegre-MG
- FEESPÍRITA, na inauguração da nova sede da FEESP, São Paulo-SP
- Centro de Estúdio Espírita Allan Kardec, de Málaga-Espanha
1995 - Centro Espírita Casa de Redenção Joanna de Ângelis, Salvador-BA
- Conselho Espírita Regional, de Anápolis-GO
- Escola de Administração do Exército, Salvador-BA
1996 - Família Espírita, de Itumbiara-GO
- Comunidade Espírita Araguarina, Araguari-GO
- Associação Cultural Espírita de Caldas da Rainha-Portugal
- Centro Espírita União, Ibirá-SP
- Lar Fabiano de Cristo, Rio de Janeiro-RJ
1997 - Juventude e Diretoria da União Espírita do Rio Grande-RS
- Escolas da Mansão do Caminho, pelos 50 anos de pregação espírita
- IPP e do Grupo de Estudos Espíritas - CECR (idem)
- Grupo de Pais, da Evangelização do CECR - (ib.)
- Aliança Regional Espírita (ARE-03), de Feira de Santana-BA (ib.)
- Mansão Bezerra de Menezes, de Ponta Grossa-PR (ib.)
- Federação Espírita do Paraná (URE-2ª R) (ib.)
- Organização Espírita Cristã Irmã Scheilla, de Ponta Grossa-PR (ib.)
- Instituição Espírita Joanna de Ângelis, do Rio de Janeiro-RJ (ib.)
- Família Espírita Uberabense (ib.)
- Comunidade Espírita de Araguari-MG (ib.)
- Federação Espírita do Estado da Bahia, pela passagem de data natalícia
- Câmara de Vereadores de Salvador em colaboração com o MORHAN (Movimento de reintegração do hanseniano), recordando os 10 anos do Mov. na Bahia-Seara Espírita Joanna de Ângelis, de Campinas-SP
- Espíritas Campineiros-USE, Campinas-SP
- Caminheiros do Bem, de Nova Friburgo-RJ, pelos 50 anos de pregação espírita
- 5º CRE/USERJ (idem)
- Familia Espírita de Nilópolis/União Municipal Espírita de Nilopolis-RJ (ib.)
- Grupo Espírita André Luiz, Rio de Janeiro-RJ (ib.)
- Grupo Espírita Caminho da Esperanca, Rio de Janeiro-RJ (ib.)
- Grupo Espírita Ana Franco, Curitiba-PR (ib.)
- Casa da Caridade Adolfo Bezerra de Menezes, Natal-RN (ib.)

- Academia de Polícia Militar do Bonfim, Salvador-BA (ib.)
- Fundação José Carvalho, Pojuca-BA (ib.)
- Espíritas de Ilhéus, 2º Forum Espírita de Ilhéus-BA (ib.)
- Centro Espírita União de Ibirá-SP (ib.)
- Associação Espírita Bezerra de Menezes, Votuporanga-SP (ib.)
- Grupo Espírita Maria João de Deus, de Cosmorama-SP (ib.)
- Centro Espírita Evangélico Fraternidade, de Cardozo-SP (ib.)
- Casa Espírita Recanto da Paz, de Votuporanga-SP (ib.)
- Centro Espírita Discípulos de Jesus, de Araçatuba-SP (ib.)
- Centro Espírita Fé e Amor, de Pirangi-SP (ib.)
- Candeia Organização Espírita de Difusão e Cultura, de Catanduva-SP (ib.)
- USE Intermunicipal, de Nhandeara-SP (ib.)
- USE Regional, de São José do Rio Preto-SP (ib.)
- Núcleo Espírita União, de Ibirá-SP (ib.)
- USE de Catanduva-SP (ib.)
- Núcleo Educacional Espírita Joanna de Ângelis, de Catanduva-SP (ib.)
- Lar Anália Franco, na comemoração dos 85 anos do Lar
- Grupo Espírita Chico Xavier, de Jales-SP, pelos 50 anos de mediunidade
- Grupo Fraterno Dr. Adolfo Bezerra de Menezes, de Pereira Barreto-SP (idem)
- Grupo Espírita Adolfo Bezerra de Menezes, de Jales-SP (ib.)
- Centro Espírita Dr. Raul de Menezes, de Birigui-SP (ib.)
- Movimento Espírita, de Indiaporã-SP (ib.)
- Grupo Espírita Rancho de Luz, de São José do Rio Preto-SP (ib.)
- Grupo Espírita da Prece José de Moraes, de Votuporanga-SP (ib.)
- Centro Espírita Dr. Bezerra de Menezes, de Araçatuba-SP (ib.)
- Sociedade Espírita Vinte e Cinco de Dezembro, de Barretos-SP (ib.)
- Sociedade Espírita Redenção, de Buritama-SP (ib.)
- Centro Espírita Caminho de Damasco, de Votuporanga-SP (ib.)
- Centro Espírita Vianna de Carvalho, de Macaubal-SP (ib.)
- Grupo Espírita Eurípedes Barsanulfo, de Américo de Campos-SP (ib.)
- Centro Espírita Caminho da Verdade, de Cosmorama-SP (ib.)
- Centro Espírita Allan Kardec, de Votuporanga-SP (ib.)
- Sociedade Espírita Fonte Viva, de Votuporanga-SP (ib.)
- Federação Espírita Española (ib)

- Centro de Estúdio Espírita Allan Kardec/5º Congreso Esp. Nacional-Malaga-España
- Centro Espírita Cristo Redentor, Salvador-BA

1998 - Família Espírita Francana, Franca-SP, pelos 50 anos de oratória espírita
- Centro Espírita Cristo Redendor, de Salvador-BA
- Centro Espírita Ação Fraternal Joanna de Ângelis, de Mogi-Guaçu-SP
- Círculo de Leitura Espírita e C. E. Jesus, o Nazareno, de Presidente Prudente-SP
- Comunidade Jacuipense, de Riachão de Jacuípe-BA
- Grupo Espírita Irmão Fego, de Aracaju-SE
- Família Amor e Caridade, C. E. Amor e Caridade, de Bagé-RS

1999 - Centro Espírita A Caminho da Luz, de Irará-BA
- Centenário de Campo Grande-MS
- Aliança Municipal Espírita, de Frutal-MG
- Movimento Espírita, de Barbacena-MG
- Espíritas de Santa Cruz do Sul-RS
- Casa Transitória Fabiano de Cristo – FEESP, São Paulo-SP

2000 - Centro Espírita Joanna de Ângelis, de S. Mamede de Infesta--Portugal
- Federação Espírita Catarinense – FEC, SC
- Câmara Municipal de Loulé-Portugal

2001 - Centro Espírita Paulo de Tarso, de Conceição de Feira-BA
- Sociedade Espírita André Luiz, de Salvador-BA
- Câmara Municipal de Loulé, Portugal
- Workshop *O Despertar do Espírito*, Salvador-BA
- USE-Intermunicipal, de São José dos Campos-SP
- Sociedade União e Instrução Espírita, Pelotas-RS

2002 - Associação Médico Espírita, de Minas Gerais
- Associação Espírita de Leiria, Portugal
- Universidade Estadual de Feira de Santana-BA
- Lar Fabiano de Cristo, Rio de Janeiro-RJ, pelos 50 anos da Mansão do Caminho
- Escola Jesus Cristo, Salvador-BA, pelos 50 anos da Mansão do Caminho
- Casa de Oração Bezerra de Menezes – COBEM, Salvador-BA, pelos 50 anos da Mansão do Caminho
- Aliança Regional Espírita/ARE-03, Feira de Santana-BA

2003 - CONDOVILLE – Condomínio Industrial da Pequena e Média Empresa, na inauguração do Lar Escola Joanna de Ângelis, de Alumínio-SP
- Grupo de Estudos Espíritas Allan Kardec, de Coimbra-Portugal
2004 - 22ª CONJEB – Concentração de Jovens Espíritas do Estado da Bahia
- Povo de Franca-SP, pelos 50 anos de luminosa companhia
- Federação Espírita do Mato Grosso-MT
- Amigos da Boa Nova – Fundação Espírita André Luiz, Rádio Boa Nova e ouvintes da Rede Boa Nova de Rádio-SP
- Organização Espírita Cristã Irmã Scheilla, pelo Jubileu de Prata-da presença em Ponta Grossa-PR
- Sociedade Espírita Francisco de Assis, Ponta Grossa-PR, pelos 50 anos de oratória
- Acervo Técnico da Mansão do Caminho, pela passagem do aniversário
- Centro Espírita Irmão Joaquim Cacique de Barros, Bento Gonçalves-RS
- Equipe do Livro, do Rio Grande do Sul
- Comunidade Espírita Catanduvense, Catanduva-SP
- Associação Espírita Allan Kardec, de São José do Rio Preto-SP
- Filhos da Mansão do Caminho, Salvador-BA
- Clube de Campo Fernão Dias, Pouso Alegre-MG
- Associação Fra. Mensageiros do Bem, de Malveira-Portugal
- Espíritas de Valença-BA
- Clube de Campo Fernão Dias, de Pouso Alegre-RS
- Federação Espírita Amazonense
2005 - Comunidade Espírita Joanna de Ângelis, de Ipatinga-MG
- Instituto Nosso Lar e USE Intermunicipal de Araçatuba-SP
- Polícia Militar da Bahia
2006 - Federação Espírita do Rio Grande do Norte
- USE Intermunicipal de Ribeirão Preto-SP
- 1º Movimento Você e a Paz, Coimbra, Portugal
2007 - Equipe do MAP – Mov. de Amor ao Próximo, Rio de Janeiro-RJ
- FEP – Federação Espírita do Paraná
- Cidade de Ponta Grossa-PR
- FEEB – Federação Espírita do Estado da Bahia
- Equipe do MAP – Movimento de Amor ao Próximo, Rio de Janeiro-RJ
- Família do Centro Espírita Caminho da Redenção, Salvador-BA

- Creche A Manjedoura, Escola Alvorada Nova e Escola de 1º Grau Jesus Cristo – Mansão do Caminho, Salvador-BA
- Caravana de Aracaju-SE
- Federação Espírita do Rio Grande do Sul
- Família Assis Miranda Carvalho, de Jataí-GO
- Núcleo Espírita Investigadores da Luz (NEIL), Pernambuco
- Estância Hidromineral de Poá-SP
- Grupo Espírita União Fraternidade e Amor e da Comunidade Espírita de Volta Redonda-RJ
- Centro Espírita Cristo Redentor, Salvador-BA
- Federação Espírita do Estado de Alagoas, nos 100 anos de sua fundação
- Câmara Municipal de Itanhaém-SP, concedendo o Título de Cidadão Itanhaense

2008 - Federação Espírita Joanna de Ângelis – SEJA
- Câmara Municipal da Estância de Ibirá, concedendo o Título de Cidadão Ibiraense
- Federação Espírita do Estado de São Paulo, pelo lançamento do filme/biografia

2009 - Programa *Alvorada Espírita* - Rádio/Feira de Santana-BA
- Associação Espírita de Leiria-Portugal, pelos 60 anos de atividades na Doutrina Espírita
- Amigos de Uberaba, pelos 62 anos de oratória, em 04.02.2009 – MG
- Institución Espírita Joanna de Ângelis, pelos 60 anos de psicografia, Buenos Ayres-Argentina
- Centro Espírita Mensageiros da Paz, na cidade de Francisco Beltrão-PR, em 11.03.2009, pela honrosa visita.
- Fundação Lar Harmonia – Núcleo Jurídico e de Cidadania Maria Terezinha Ferraz Novaes, pela palestra proferida no 4º aniversário do Núcleo

2010 - Funcionários do Centro Espírita Caminho da Redenção, em agradecimento a Divaldo e a Nilson de Souza Pereira – Salvador-BA
- Núcleo Jurídico e de Cidadania Maria Terezinha Ferraz Freire de Novaes – Fundação Lar Harmonia, em agradecimento pela palestra e pela passagem do aniversário de Divaldo
- USE – União das Sociedades Espíritas de Sorocaba-SP – Agosto de 2010

Placas de Bronze

1989 - Expansão Ultramarina, Leiria-Portugal
1997 - Anistia Internacional/Setor Bahia

Outras Placas

1989 - Movimento Espírita Dominicano – Santo Domingo-República Dominicana
- Escuela de Consejo Moral Inc., de Puerto Rico (placa dourada em quadro de madeira e gesso com emblema de Puerto Rico e relógio de metal)

1990 - Soc. Espírita A Caminho da Luz, Santa Cruz do Sul-RS
1992 - Allan Kardec Fellowship of California-USA
1993 - Consejo Municipal San Pedro Sacatepequez, San Marcos-Guatemala
- Presidente do Congreso Internacional de Espiritismo/93, San Juan-Puerto Rico
- Prefeitura Municipal da Canguçu-RS
- Escola de 1º Grau Jesus Cristo, Salvador-BA
- Câmara de Vereadores de São Lourenço do Sul-RS

1994 - Centro de Cultura Espírita Amalia Domingo Soler, de Guayaquil-Ecuador
1995 - Família Espírita de Itumbiara-GO
- Federação Espírita Paraibana-PB
- Allan Kardec Educational Society (c/foto do *The Spirits' Book*), Londres-Inglaterra
- Placa com emblema e Chave dourada da Cidade de Sto. André-SP

1996 - Placa de madeira comemorativa da Cidade de Catanduva-SP
1997 - Sociedade Espírita Francisco de Assis, de Ponta Grossa-PR, pelos 50 anos pregação
- Associação Cultural Espírita de Caldas da Rainha-Portugal
- Amigos e Colaboradores da Mansão do Caminho, pelos 50 anos de oratória Espírita
- Sociedade Espírita Francisco de Assis, de Porto Alegre-RS (idem)
- Federação Espírita Paraibana, pelos 42 anos que visita João Pessoa
- Grupo Espírita Ana Franco, Curitiba-PR p/Jubileu de Ouro de oratoria espírita

2000 - Escuela de Consejo Moral de Puerto Rico, ref. Congreso Espírita Puertorriqueño
- Colégio de Paramirim-BA (c/acróstico)
2001 - Centro Espírita Paulo de Tarso, Conceição de Feira-BA – União das Mães Espíritas "Marília Barbosa", Manaus-AM
2003 - Pró-Reitoria de Assuntos Comunitários da Universidade Federal de Viçosa-MG
- Federação Espírita do Estado de Sergipe
- REENCONTRO – Associação de Desenvolvimento Espiritual Reencontro-SP
- Associação Espírita Terceirense, Grupo Espírita Divaldo Pereira Franco
2004 - The Spiritist Moviment of New York / V SENY 2004
- Placa de cristal do X Congreso Espírita Colombiano
- AMERGS – Associação Médica Espírita do Rio Grande do Sul
- Conselho Espírita Internacional e os Espíritas da França
2005 - Confrades montesclarenses, de Montes Claros-MG
- Federação Espírita Portuguesa e União Espírita de Algarve
- Cidade de Agueda/Portugal
2007 - Fraternidade Espírita Deus, Amor y Caridad (FEDAC), Panamá-Panamá
- Federação Espírita do Estado de Sergipe
- Escuela de Consejo Moral de Puerto Rico, Inc. 499/Centro de Actividades José Falgas Cruz
- Federação Espírita Brasileira – FEB
- Equipes dos Livros de Divaldo, de São Paulo e Rio Grande do Sul
- Espíritas baianos da Federação Espírita do Estado da Bahia
- Instituição Espírita Joanna de Ângelis, Rio de Janeiro-RJ
- Centro Espírita Joaquim Murinho – Lar Mãe Ritinha, Irajá, Rio de Janeiro-RJ
- CRE-13, de Balneário Camboriú-SC
- Família Espírita do Distrito Federal – FEDF, 45 anos
2008 - Movimento de Amor ao Próximo – MAP
- União Regional Espírita-7ª Região, Maringá-PR
- Municipalidad de Santisima Trinidad, Paraguay, Placa Menção de Honra
2009 - 6º Encuentro Espírita Boliviano – Cochabamba, Gratitud y reconocimiento
2010 - Simplesmente Franco – Mensagem do Irmão X, em homenagem a Divaldo Franco, Belo Horizonte-MG

Medalhas

1968 - Honra ao Mérito, Guatemala-Guatemala
1971 - Cidade de Lobito, Angola-África
1977 - Rito Brasileiro Urbi et Orbi – Homo Homini Frater, Maçonaria
- Cavaleiro da Ordem do Mérito da Bahia, Salvador-BA
1981 - Cruz do Mérito Humanístico no Grau de Com. Da Sol. – Ordem da Solidariedade, Salvador-BA
1982 - Governador José Quintiliano da Fonseca, do Rotary Internacional, Rotary-Salvador-BA
1983 - Comenda Maria Quitéria, da Câmara de Vereadores da Cidade de Feira de Santana-BA
1984 - Medaille de Reconnaisance Franco-Americaine-Classe Especial, do Instituto Humaniste de Paris-França
1985 - Thomé de Souza, da Câmara de Vereadores de Salvador-BA
1989 - Medalha de Ouro, da Câmara Municipal de Manaus-AM
1991 - Medalha do Exército Brasileiro, da VI Região Militar, Salvador-BA
1992 - Câmara Municipal de Loulé-Portugal
- Medalha Monumento Nacional ao Imigrante, da Prefeitura Municipal de Caxias do Sul-RS
1993 - Medalha de Prata Allan Kardec, do Centro Rufino Junco, México-DF
- Associação Espírita de Lagos-Portugal, Comemorativa dos descobrimentos portugueses
- Grupo Espírita de Quarteira-Portugal, Comemorativa dos descobrimentos portugueses, 500 anos
- Espíritas de Águeda-Portugal, pela 1ª Conferência espírita em Águeda
- Assoc. Espírita de Lagos-Portugal
- Federação Espírita Portuguesa, Lisboa-Portugal, medalha Infante D. Henrique "O Navegador"
- Universidade Federal Santa Maria-RS, medalha de Visitante Ilustre Magnífico Reitor Dr. José M. Rocha Filho
- Medalha Leal Valerosa, de Porto Alegre-RS, referente ao Título de Cidadão Porto-alegrense
- Comenda Santa Maria Cidade Coração do Rio Grande Do Sul, da Prefeitura Municipal de Santa Maria-RS
1994 - Medalha Camilo Castelo Branco 1890-1990, do Centro Espírita Luz Eterna, de Olhão-Portugal

1995 - Comenda da Ordem do Mérito Serigy, da Prefeitura Municipal de Aracaju-SE
1996 - Medalha Lagos-Berço dos Descobrimentos, da Câmara Municipal de Lagos-Portugal
- Medalha Centenário dos Bombeiros Municipais, da Câmara Municipal de Leiria-Portugal
- Medalha Câmara Municipal de Leiria, Portugal
- Medalha Fundação do Reino de Portugal, da Federação Espírita Portuguesa
- Medalha Infante D. Henrique "O Navegador", do Núcleo Espírita "O Consolado", de Quarteira-Portugal
- Medalha D. Leonor, Rainha de Portugal
- Medalha de Mérito Pedro Ernesto, da Câmara Municipal do Rio de Janeiro-RJ
1997 - Medalha Ordem do Mérito Aperipê, do Governo do Estado de Sergipe
- Medalha Fundação do Reino de Portugal 1139/40-1990, do Centro Espírita Luz Eterna-Portugal
- Medalha da Federação Espírita Portuguesa – Caravela Portugal 1926
- Medalha Nª Sª da Piedade – Mãe Soberana-Padroeira de Loulé. Município de Loulé-Portugal
- Medalha (chaveiro) Terra de Loulé (um olhar diferente), da Câmara Municipal de Loulé-Portugal
- Comenda da Ordem do Mérito Militar, Brasilia-DF
- Medalha Face de Jesus, da Associação Espiritualista de Vizeu-Portugal.
- Medalha 20º aniversário Face de Jesus, da Associação Espiritualista de Vizeu-Portugal
1998 - Primeiras Jornadas de História Medieval do Algarve e Andaluzia, da Câmara Municipal de Loulé-Portugal
- Comenda Centenário de Matão-SP
- Medalha da Câmara Municipal do Recife-PE
1999 - Medalha Paços do Concelho, da Câmara Municipal de Ponta Delgada, Açores
- Medalha Angra nas Rotas do Mundo; Vila Cidade, de Angra do Heroísmo, Palácio Municipal, Ilha Terceira, Açores
- Medalha Antonio Aleixo (1899-1949), de Loulé, Portugal
- Medalha Dois de Julho, da Câmara Municipal de Salvador-BA
2000 - Medalha Honorífica do Município de Poá-SP

2001 - Medalha do Mérito Histórico e Cultural, da Academia Brasileira de Arte, Cultura e História, de São Paulo-SP

2002 - Medalha Especial comemorativa dos Jubileu de Prata da Universidade Estadual de Feira, de Santana-BA

- Medalha Científica Prof. Walter Radamés Acorsi, do Clube dos Escritores, Piracicaba-SP

- Brasão Real Sociedade Portuguesa de Beneficência – Hospital Português, Salvador-BA

2003 - Medalha Francisco Cândido Xavier, da Câmara Municipal de Pedro Leopoldo-MG

- Cidade de Guarda – Sé Catedral-Portugal

- Medalha Face de Jesus, 25º Aniversário da Associação Cultural Espiritualista de Viseu-Portugal

2005 - Medalha Especial Comemorativa dos 180 Anos da Polícia Militar da Bahia

- Medalha Cidade em Construção, da Cidade de Agueda-Portugal

2006 - Medalha Servian, do Colégio Soledade, Salvador-BA

2007 - Medalha do Mérito Maçônico, da Grande Loja Maçônica da Bahia

2008 - Medalha de prata da Escuela de Cosejo Moral de Puerto Rico, Inc 499 – Tuna Granadina

2009 - Medalha Ordem Municipal do Mérito, Feira de Santana-BA

- Medalha Festa da Rainha Santa Izabel e de Cidade de Coimbra-2006 – Coimbra-Portugal

- Medalha Universidade de Coimbra – 700 anos – Coimbra-Portugal

- Medalha Rainha Santa Izabel – Coimbra-Portugal

- Medalha Coimbra – Sapienziae et Scienziae Civitas – Coimbra-Portugal

- Medalha Cidade de Coimbra, 2.000 anos de História – Coimbra-Portugal

- Medalha Comemoração dos 700 anos da Universidade de Coimbra, 1290-1990 – Coimbra-Portugal

- Comenda Ministro Coqueijo Costa – da Ordem do Mérito Judiciário do Trabalho da Bahia no Grau Comendador – Concedido pelo Tribunal Regional do Trabalho da 5ª Região, Bahia

2010 - Medalha José Clemente Pereira – Concedida pela Câmara Municipal de Niterói (Projeto de Decreto Legislativo 009/2010), RJ

Troféus

1971 - Da Cidade de Luanda, Angola-África
1983 - Do Grupo de Bem Fazer Celeiro de Amor, de Olhão-Portugal
1988 - Do Círculo Militar de Salvador-BA
1989 - Porta de Alencar, do C.E. y Divulgación Española, Madri-Espanha
- Caravela de Prata, do Grupo do Bem Fazer Celeiro de Amor, Olhão-Portugal

1990 - Da Asociación de Estúdios Psicológicos y Espirituales de Vigo-Espanha
1991 - Da Asociación de Estúdios Psicológicos y Espirituales de Vigo-Espanha, troféu com placa de prata
1992 - Recuerdo de Madrid-España
1995 - "Os Três Reis Magos", em vidro, da Escuela de Conselho Moral de Puerto Rico /Inc.-San Juan
1997 - De Porto Rico, com mapa de Porto Rico, em acrílico, relógio e uma placa de ônix, em homengem ao seu cinquentenário como orador espírita, oferecido no Congreso Espírita Portorriqueño/1997, na cidade de San Juan-Puerto Rico
- Da Loja Maçônica Harmonia e Amor, de Juazeiro-BA, em granito com carranca dourada e placa de prata
- Mapa do Brasil, em bronze, com emblema de medicina e placa dourada, da Associação Médica Espírita do Brasil-FEESP pelos 50 anos de trabalho no campo da oratória Espírita

2000 - Estandarte da Loja Maçônica Arquitetos de Ormuzd, em metal dourado, Bauru-SP
- Do Millennium World Peace Summit of Religious and Spiritual Leaders, em acrílico, August 28-31, 2000 at the United Nations

2001 - Troféu em formato de livro, em acrílico. Lembrança da Caravana de Aracaju-SE
2002 - Troféu em acrílico, pirâmide com miniatura de *Le Livre des Esprits* – o primeiro *O Livro dos Espíritos*, de Allan Kardec, da Assembléia Legislativa do Estado da Bahia
2004 - Troféu Reencontro, da Associação de Desenvolvimento Espiritual Reencontro, São Paulo-SP
- Bumerangue, em madeira pintada, Sydney-Austrália, Sydney Open House-2004
- Porta-retrato de vidro, com selos
- Prato de metal com aplicação colorida "Caminhos para a Paz",

do Grupo Espírita União Fraternidade e Amor, de Volta Redonda-RJ
- Troféu Tributo Espírita Rosa dos Ventos-2004, do Núcleo Espírita Rosa dos Ventos, Porto-Portugal
- Troféu da Rainha, com símbolos da Cidade, da ACE/Associação Cultural Espírita Caldas da Rainha, Caldas da Rainha-Portugal
- Prato de louça com emblema, do Município Caldas da Rainha-Portugal
- Prato de louça com emblema do Brasil, da Embaixada do Brasil na China e Governo da China – República Popular da China

2005 - Chaminé da cidade de Faro, da Câmara Municipal de Faro-Portugal
- Troféu com placa de acrílico "Caridade", do Centro Espírita Luz e Caridade, Salvador-BA

2006 - Troféu Estrela de metal amarelo, com placa dourada em pedestal de madeira, do Grupo do Hope Joanna de Ângelis, Los Angeles, California-USA
- Troféu "Borboleta" da Sociedade Espírita de Recuperação, Trabalho e Estudo SERTE, Florianóipolis-SC
- MaTroféu representando a Fraternidade – união de Cuba, USA e o mundo – da Sociedad de Estudio y Investigacion de los Fenómenos Espirituales, no II Encuentro Espírita Internacional, Miami, USA
- Troféu 1º Movimento Você e a Paz, Concórdia-SC
- Troféu "Cristal", dos espíritas da cidade de Soledade-RS
- Troféu "Gota de Luz", da Federação Espírita do Peru, no I Encontro Espírita Peruano.

2007 - Troféu "Pirâmide", em acrílico, do Movimento Espírita de Mossoró-RN
- Troféu "Estrela", da Spiritual Society of Baltimore-USA
- Troféu "Chaniné", Município de Faro-Portugal
- Troféu em acrílido, da AARE 12, Paramirim e Região-BA
- Troféu "Jaime Rolemberg de Lima", da Capemi e do Lar Fabiano de Cristo, Rio de Janeiro-RJ
- Troféu "Águia", do Grupo de Estudos Ana Franco, Rio de Janeiro-RJ
- Troféu "Livro Messe de Amor", do Centro Espírita Caminho da Redenção, Salvador-BA
- Troféu – microfone/60/mapa mundi – dos Espíritas de São Paulo

2008 - Troféu em acrílico transparente, com base em cor azul – 1º US Peace You Movement – Baltimore-MD-USA – 19.Oct. 2008

2009 - Troféu em forma de telha, em resina tipo cerâmica, representando a *Calle de Cristo*, onde viveu Don Silvestre Falgas Ayala, espírita notável em San Juan de Puerto Rico

- Troféu em acrílico, em forma de disco, com base retangular, do 5º Conselho de Unificação – CEERJ, pelos 80 anos de vida e 60 anos de oratória – Rio de Janeiro-RJ
- Troféu em acrílico, em forma de colunas com arcos, representando o Prêmio Cidadão Voluntário Santa Casa de Misericórdia da Bahia, concedido pela Câmara Municipal de Salvador, Salvador-BA

2010 - Troféu em acrílico azul, reconocimento da Spiritist Union – Miami – Flórida-USA

- Troféu em aço inoxidável, em forma de folha, concedido pela Família Espírita de Itumbiara, GO
- Troféu "Solidariedade", em acrílico – Movimento de Amor ao Próximo – Rio de Janeiro-RJ
- Troféu em ametista lapidada, do Município de Soledade-RS
- Troféu em cristal lapidado – The Pursuit of Happiness – Spiritism Study – Irlanda – 14.06.10
- Troféu em cristal, com efígie de Allan Kardec, da Federación Espírita del Perú – 3er Encuentro Espírita Peruana – Junho/2010
- Troféu em acrílico, em forma de círculo, da CAPEMISA – pelo cinquentenário de fundação da antiga CAPEMI (fundador) – 24.07.10
- Comenda Henrique Santillo – Of. 130/2010 de 13.09.2010 – Anápolis-GO

Diversas

1976 - Berimbau de Prata, da Loja Maçônica Dois de Julho, Salvador-Ba

- A Bigorna, em bronze, pela participação feliz no programa do mesmo nome, da TV Triângulo, Uberaba-MG
- Chave da Cidade de Uberaba, em bronze, oferecida no ato de recebimento do Diploma de Cidadão Uberabense-MG

1981 - Chave, em bronze, da Cidade de Anápolis-GO

1984 - Colar da Solidariedade, no Grau Cavalheiresco de Comendador da Ordem da Solariedade, Salvador-BA

- Broche Solidariedade, Ordem da Solidariedade, Salvador-BA

1986 - Sineta de prata, da Soc. Espírita de Cali-Colombia

1990 - Brasão da Cidade de Pelotas-RS

1992 - Prato de louça, da Associação Cultural Espiritualista de Viseu--Portugal
- Prato de prata, da Associação Espírita de Leiria-Portugal
- Romã dourada, da Loja Maçônica Elias Neiar, Ribeirão Preto-SP
- Prato de louça pintada, dos espíritas de New York-USA
- Quadro de cerâmica, de Linda-a-Velha, Portugal
- Livro de Amor (*Books of Love*), da Escuela de Consejo Moral de Chicago-Illinois-USA

1993 - Prato de louça, pintado, da Assoc. Espiritualista de Viseu-Portugal
- Idem, dos trabalhadores da Assoc. Espiritualista de Viseu-Portugal
- Estatueta em madeira, com os 5 livros básicos da Doutrina Espírita e placa de prata, do Abrigo Espírita Oscar Phitan, de Santa Maria-RS

1994 - Prato de louça c/gravura em ouro e azul, da Assoc. Cultural Espírita de Viseu-Portugal
- Taça de cristal com incrustação em ouro – XI Cata Montilla--Moriles-Provincia de Córdoba
- Obelisco de cristal simbolizando a cultura portuguesa – Leiria--Portugal
- Réplica da nau *Santa Maria* (1492), em cristal, dentro de garrafa de cristal, simbolizando o descobrimento, da Fed. Espírita Portuguesa
- Retrato a crayon no Painel da Assembléia Legislativa do Estado da Bahia

1995 - Prato de prata de "El Hogar Espiritual Martin de Pobres", Santa Cruz-Bolívia
- Prato de prata, do Prefeito do Município de Bebedouro-SP

1996 - Caravela de filigrana, da Associação Espírita Fraternidade, de Leiria-Portugal
- Bandeja de prata, do Brixhom Spiritualist Study Group, de Brixhom – Devon-Inglaterra

1997 - Broche de ouro, da União Espírita Sergipana, pelos 50 anos de pregação espírita
- Chaminé de prata, da Associação Espírita de Lagos-Portugal, pela passagem da sua data natalícia
- O Livro dos Espíritos, em pedra-sabão, da ARE de Feira de Santana-BA
- Broche de ouro – mapa mundi –, pelos 50 anos de oratória Espírita Birigui-SP
- Relógio de pedra com placa de prata, da Semana Espírita de Torres-RS

- Quadro com aplicação de livro, em metal dourado

1998 - Jangada em acrílico – símbolo da região –, homenagem dos espíritas de Mossoró-RN
- Prato de prata do Centro Espírita Amalia Domingo Soler, Cochabamba-Bolívia
- Galhardete de Maracatu – símbolo de Olinda –, da Câmara Municipal de Olinda-PE
- Retrato a crayon no ParlaMundi da LBV (Legião da Boa Vontade), Brasília-DF

1999 - Prato de prata, do Primer Encuentro Espírita Boliviano, La Paz-Bolívia
- Prato de prata, homenagem da Federação Espírita Portuguesa
- Peça de cristal e prata com placa de prata, da Associação Espiritualista de Viseu-Portugal
- Prato de louça, comemorativo do 450º aniversário de Ponta Delgada-Açores
- Broche da Câmara Municipal de Ponta Delgada-Açores-Portugal
- Bíblia, de Referência Thompson, com placa dourada, da CONFEESP III Leste, Poá-SP

2000 - Jarro de prata, da Assoc. Cultural Espiritista de Viseu-Portugal
- Símbolo dos Descobrimentos "Atlants Crystal" – Portugal
- Relógio aplicado em madeira escura, da Federação Espírita Portuguesa, pela sua participação no Congresso Nacional Espírita – CNE

2001 - Salva de prata, do Centro Espírita Joanna de Ângelis, de S. Mamede Infesta, Portugal.
- Prato de prata do 2º Encuentro Espírita Boliviano, Cochabamba-Bolívia
- Relógio em pedra, em formato da cidade de Paramirim, oferecido pelo Banco do Brasil, Ag. Paramirim-BA
- Quadro com foto da Pedra da Santana – dólmen pré-histórico que só encontra similares na Inglaterra e na Áustria, da Cidade de Paramirim-BA

2002 - Prato de prata, do Centro de Estudos Espíritas Allan Kardec, de Coimbra, Portugal
- Prato de prata, da Associação Cultural Espiritualista de Viseu, Portugal, pelo 35º aniversário das suas visitas a Portugal

2003 - Prato de metal prateado, da Freudeskreis Allan Kardec – Erkrath/Köln/Alemanha, referente aos 10 anos de visitas à Alemanha
- Prato do Município das Caldas da Rainha, Portugal

2004 - Quadro em madeira com aplicação em pedra, da Federación Espírita de la Flórida-USA
- Prato de louça, da Embaixada Brasileira e Governo da China

2005 - Prato-relógio de metal, da Federação Espírita da Bolívia e Centro Espírita La Paz-Obrajes
- Quadro de acrílico, da Sociedade Espiritista de Baltimore, Inc. MD-USA
- Prato de louça, da Associação Cultural Espiritualista de Viseu/Portugal, pelos 16 anos como presidente honorífico da ACEV
- Bandeja de prata, da CAPEMI-Rio/RJ, pelos 45 anos de vida na condição de Sócio Fundador

2006 - Caneta e lapiseira, da União Espírita Mineira, Belo Horizonte-MG
- Prato de louça Sotamcer, da Junta da Freguezia de Espinho-Portugal
- Estatueta Plantel $19 Chicago, da Escuela Moral de Puerto Rico, no Festival de Niño José Falgas Cruz

2007 - Prato de cerâmica de Puerto Rico
- Quadro em mármore com foto DPF, dos espíritas portugueses
- Prato de louça com pintura microfone, mapa/60/mapa mundi, dos espíritas de São Paulo-SP
- Estatueta com símbolo da cidade de Bremen, do Grupo de Estudos Espíritas Francisco de Assis, Bremen-Alemanha
- Quadro Bon Anniver Terre! Do Centre d'Etudes Spirits Allan Kardec (CESAK), Paris-França
- Prato de prata, da British Union of Spiritist Societies (BUSS), Londres, Inglaterra

2008 - Quadro da União Espírita Sueca, Estocolmo-Suécia
- Quadro/homenagem da Sociedade para Estudos Espíritas Allan Kardec (Verein für Spiritistische Studien Allan Kardec), Viena-Áustria
- Prato de vidro com frase de Joanna de Ângelis, da Sociedade Fraternidade, Paramirim-BA
- Tijolo em cerâmica "Gratitud a Divaldo Pereira Franco" – AECU – Paraguai
- Cubo em granito, em caixa de acrílico com placa inox, XXXVII GMSB 2008, Grande Loja Maçônica do Estado da Bahia
- Chaveiro em couro azul-marinho com disco dourado, da Câmara Municipal de Jaboticabal-SP
- Broche de lapela da Câmara Municipal de Jaboticabal-SP

- Quadro com borda dourada e placa registrando o Título de Cidadania Jaboticabalense, em 22.03.2008
- Quadro em porcelana branca com foto de Dialdo Nilson e Joanna de Ângelis, pelos 61 anos de oratória – Turma de Telma Saraf – CECR
- Documento da Câmara Municipal de Jaboticabal-SP com biografia de Divaldo Franco, da autoria do edil Dr. Edu Ferrerich

2009 - Quadro/participação no 24º CEU (Conselho Espírita de Unificação) – 49ª Semana Espírita de Valença e Rio das Flores – Valença-RJ
- Álbum de desenhos infantis feitos pelas crianças do Centro Espírita Paraguayo – CEPAR – Assunção-Paraguai
- Quadro comemorativo da XVIII Mostra Espírita – Federação Espírita Pernambucana, Recife-PE
- Quadro com Diploma de Cidadão Populinense – Câmara Municipal de Populina-SP – Decreto Legislativo nº 03 de 16.06.2009
- Quadro com Diploma de Cidadão Catanduvense – Câmara Municipal de Catanduva-SP – Decreto Legislativo nº 169 de 05.04.2005
- Quadro com Diploma de Cidadão Jalessense – Câmara Municipal de Jales-SP – Decreto Legislativo nº 206/2008, de 15.08.2008

2010 - Estatueta em porcelana com a figura de Gandhi – Escuela de Consejo Moral de Porto Rico
- Chave dourada da cidade de Itumbiara-GO
- Bandeja em cristal da Boêmia, com flores em alto relevo – Sociedade Espírita Fraternidade – Paramirim-BA
- Prato de louça – Horta Comunitária Joanna de Ângelis – Novo Hamburgo-RS
- Prato de louça – Sociedade Espírita Em Busca da Verdade – Novo Hamburgo-RS
- Prêmio Nobre de Qualidade – Instituto Nobre de Qualidade, Imagem e Conceito-Recife-PE

Pergaminhos - Certificados

1962 - Centro de Estúdio Cosme Mariño, de Paraná, Entre Rios-Argentina
- Federación Espírita de Juventudes Argentinas, Buenos Aires

1963 - Espíritas de Mar del Plata-Argentina

1964 - Centro Espiritista Felix Arrigoni, Buenos Aires-Argentina

1967 - Espíritas de Buenos Aires-Argentina pelo lançamento da edição em espanhol do livro *Dimensiones de la Verdad*

1969 - Asociación Espírita Juanna de Angelis y Cosme Mariño, Paraná, Entre Rios-Argentina

- Córdoba Espírita, Argentina

- Federación Espírita del Sur de la Província de Buenos Aires, Mar del Plata-Argentina

1972 - Centro de Estúdios Fiat Lux, de Cúcuta-Colombia

1977 - "Tios" da "Mansão do Caminho", pelos 25 anos de fundação

1978 - Espiritistas de Barcelona-Espanha

1979 - Centro Evangélico Kardecista Juanna de Angelis, Montevidéo-Uruguay

1980 - Associação Espírita Fraternidade, Johannesburg-South África

- Institución Espírita Juanna de Angelis, Buenos Aires-Argentina

- Grupo de Caridade Eloisa, Buenos Aires-Argentina

1981 - Centro Evangélico Kardecista Juanna de Angelis, Montevidéo-Uruguay

1983 - Centro Evangélico Kardecista Juanna de Angelis, Montevidéo-Uruguay

1985 - Federación Espírita Española, Madrid-España

1987 - Asociación Espiritista Tercera Revelación, La Rioja-Argentina

- Espíritas de La Rioja-Argentina, poema dedicado a Juanna de Angelis

1988 - Fraternidade Discípulos de Jesus Setor III, São Paulo-SP

1990 - Espíritas de Cartagena-Colombia

1991 - Escuela de Consejo Moral de Puerto Rico Inc. 499, Rio Piedra-Puerto Rico

1992 - Sociedade Espírita Esperança, Guarulhos-SP

1995 - Centro de Estúdios Espíritas Amalia Domingo Soler, de Cochabamba-Bolívia

1997 - Federação Espírita Portuguesa pelo 30º ano da sua 1ª viagem ao país e pelos 50 anos do seu apostolado mediúnico, Amadora-Portugal

1998 - Comisión Organizadora del VII Congreso Espiritista Colombiano – Confederación Espiritista Argentina – CEA, participação nos atos comemorativos do 1º Centenário

2000 - ParlaMundi da LBV, pela participação do I Fórum Mundial Espírita e Ciência

2003 - Certificado da Sociedade Pró-Livro Espírita em Braille – SPLEB – Participação no Primeiro Congresso Internacional de Cegos Espíritas – CINCESP-I
- Certificado do Centro Espírita Cristófilos, do Rio de Janeiro-RJ

2005 - Certificado nº 200231 – Mars Lander Participation Certificate, Office de Spice Science – USA

2007 - Certificado do outstanding worlwide dedicação towards Doutrina Espírita, NY-USA
- Certificado de Participação da Allan Kardec Spiritual Center, New York-USA, nas comemorações dos 150 anos do *The Spirit's Book*

2008 - Decreto Legislativo nº 500/08 de 19.08.2008 – Título de Cidadania Jaboticabalense-SP
- Certificado de Reconhecimento, da USE Intermunicipal de Taubaté-SP

2009 - Certificado de Miembro Honorario da Confederación Espiritista Argentina – Reconocimiento – Buenos Ayres-Argentina
- Certificado de Concessão do Título de Cidadão de Nilópolis – Câmara Municipal de Nilópolis-RJ
- Certificado de Gratidão – Allan Kardec Study Group e Fabiano of Christ Benevolent Society – Vancouver-Canadá
- Certificado de Concessão do Título de Cidadão de Mogi Guaçu-SP – Decreto Legislativo nº 164/1998

2010 - Certificado de concessão da Comenda Coronel Sidney Pereira de Almeida – Resolução 01/2010 da Câmara Municipal de Itumbira-GO

MOÇÕES DE CONGRATULAÇÕES

1972 - Da Câmara Municipal da Cidade de Salvador-BA, pelos 20 anos da "Mansão do Caminho"

1973 - Da Câmara Municipal da Cidade de Salvador-BA, pelo empenho em divulgar a Doutrina Espírita

1974 - Da Câmara de Vereadores de Bagé-RS (Of. 448/74 à União Espírita Bageense pela iniciativa de levar à cidade de Bagé o conferencista Divaldo P. Franco

1976 - Da Assembléia Legislativa do Rio de Janeiro-RJ

1977 - Da Secretaria da Assembléia Legislativa do Estado da Bahia (Of. 589/77), pela palestra proferida no Teatro Castro Alves

- Da Secretaria da Assembléia Legislativa do Estado da Bahia (Of. 684/77), pelos 25 anos da Mansão do Caminho
- Da Câmara Municipal de Cambé-PR (Of. 122/77)
- Da Câmara de Vereadores de Salvador-BA (Of. 548/77)

1979 - Da Câmara de Vereadores de Salvador-BA (Of. 1585), pelos 27 anos da Mansão do Caminho

1980 - Da Câmara de Vereadores de Salvador-BA (Moção 23/80) pelos 28 anos da Mansão do Caminho

1981 - Da Câmara Municipal de Arapiraca-AL (Moção 28/81 ao C. E. Companheiros de Emmanuel) pela fantástica apresentação do eminente médium e emérito Prof. Divaldo Pereira Franco

1983 - Da Assembléia Legislativa do Estado do Rio de Janeiro-RJ pela apresentação do Programa "Momentos de Paz", na TV Bandeirantes de Salvador-BA

- Da Câmara Municipal de Diamantina-MG (Moção 02/83)

1987 - Da Câmara Municipal de Salvador-BA (Of. 325/87) pelo seu excelente trabalho à frente da Mansão do Caminho

- Da Câmara Municipal de Salvador-BA (Of. 2910/87) pelos 35 anos da Mansão do Caminho
- Da Câmara Municipal de Catanduva-SP (Of. 300/87)

1989 - Da Câmara Municipal de Botucatu-SP (Of. 726/89)

- Da Câmara Municipal de Salvador-BA (Of. 6171/89) pelo brilhante trabalho realizado na Mansão do Caminho

1991 - Do Tribunal de Contas do Estado da Bahia (Of. 1778/91) pelos 39 anos da Mansão do Caminho

1992 - Da Câmara Municipal de Salvador-BA (Of. 558/92 - Ver. Maltez Leone) pelos 40 anos da Mansão do Caminho

- Da Câmara Municipal de Salvador-BA (Of. 663/92 - Ver. João Henrique Barradas Carneiro) pelos 40 anos da Mansão do Caminho
- Da Câmara Municipal de Canguçu-RS (Of. 734/92)

1993 - Do Ver. Pedro Gordilho congratulando-se pela merecida homenagem prestada pela Nacional Iguatemi Empreendimentos denominando com o seu nome uma das praças do Shopping Center Iguatemi, de Salvador-BA

1994 - Da Câmara Municipal de Mogi Guaçu-SP (Of. 198/94), votos de aplauso e reconhecimento pela sua dedicação aos menos favorecidos

- Da Câmara Municipal de Salvador-BA pelo magnífico trabalho em prol da comunidade menos favorecida

1995 - Da Câmara Municipal de Osasco-SP pela brilhante palestra proferida no dia 16.04.1995 "O Homen Integral e o Ser Consciente"

- Da Câmara Municipal de Estiva Gerbi-SP (Moção de Aplauso nº 001/95)
- Da Câmara Municipal de Salvador em homenagem ao 43º aniversário da Mansão do Caminho
- Da Câmara Municipal de Campo Grande-MS pelo Seminário realizado no Palácio Popular da Cultura

1997 - Da Câmara Municipal de Itabuna-BA (Of. 059/97) pelos 50 anos de oratória espírita e trabalho de Assistência Social e Educacional

- Da Câmara Municipal de Salvador-BA (OF. 5968/97) pelos 50 anos do CECR
- Da Câmara Municipal de Votuporanga-SP pelos 50 anos de sua mediunidade
- Do Tribunal de Contas do Estado da Bahia (Of. 190/97) pelos 50 anos de atividade
- Da Câmara Municipal de Votuporanga-SP (Req. Nº 96/C/97)

1999 - Do Tribunal de Contas do Estado da Bahia (Of. 266/99) pela outorga da Medalha 2 de Julho

- Da Assembléia Legislativa do Estado da Bahia (Moção de Aplauso nº339/99) do Dep. Pedro de Alcântara

2000 - Da Câmara Municipal de Salvador-BA /Vereador Pedro Godinho, homenagem pelo convite recebido da ONU para participar do Encontro Mundial de Líderes Religiosos realizado de 29 a 31 de agosto de 2000

- Da Câmara Municipal de Salvador-BA / Vereador Pedro Godinho pelo lançamento do livro *Jesus e o Evangelho, à Luz da Psicologia Profunda*"

2001 - Da Câmara Municipal de Paulo Afonso-BA

2002 - Do Tribunal de Contas do Estado da Bahia (Olf. Gab.Pres. nº 217/2002) pelo Título de Cidadão Honoris Causa da Universidade Federal da Bahia

- Da Câmara Municipal de Salvador-BA (Of. Nº 7.219/2002 / Vereador Silvoney Sales

2003 - Da Câmara Municipal de Matão-SP

2004 - Da Câmara Municipal de Salvador-BA (Of. Nº 147/2004)

- Da Câmara Municipal de Salvador-BA (Of. Nº 2.158/2004 / Vereador Pedro Godinho congratulando-se pela passagem de mais um aniversário ocorrido no dia 05 de maio

2009 - Da Câmara Municipal de Pato Branco-PR – (Of. Nº 116/2009) Vereador Osmar Braun Sobrin Sobrinho, moção de aplauso ao Apóstolo do Espiritismo

2010 - Da Câmara de Vereadores de Valente-BA – nº 03/2010